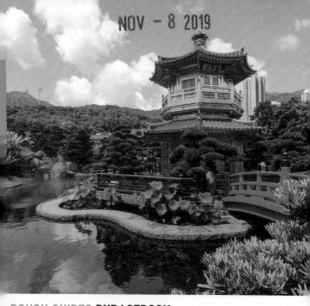

NOV − 8 2019

ROUGH GUIDES **PHRASEBOOK**

MANDARIN

D0669127

ROUGH GUIDES

Contacting the Editors

Every effort has been made to provide accurate information in this publication, but changes are inevitable. The publisher cannot be responsible for any resulting loss, inconvenience or injury.
We would appreciate it if readers would call our attention to any errors or outdated information. We also welcome your suggestions; if you come across a relevant expression not in our phrase book, please contact us at: **mail@uk.roughguides.com**

All Rights Reserved
© 2019 APA Publications (UK) Ltd.

Cover & Interior Design: Slawomir Krajewski
Head of Production: Rebeka Davies
Production Manager: Rebecca Hancock
Picture Researcher: Slawomir Krajewski
Cover Photo: all shutterstock

Interior Photos: all shutterstock

CONTENTS

LEISURE TIME

SAFE TRAVEL

FOOD

PEOPLE

DICTIONARY

PRONUNCIATION

The romanized pronunciation system widely used for Chinese is called **pīnyīn**, pīnyīn. Not all **pīnyīn** letters or letter combinations are pronounced as they normally are in English. A guide to the pronunciation of **pīnyīn** follows.

In addition to the Roman alphabet, **pīnyīn** also features tonal marks, which represent four Mandarin Chinese tones:

Tone	Simplified Mark	Description	Example	Chinese	Translation
1st	ˉ	high and level	**mā**	妈	mother
2nd	´	starts medium in tone, then rises to the top	**má**	麻	hemp
3rd	ˇ	starts low at level 2, dips to the bottom and then rises toward the top to level 4	**mǎ**	马	horse
4th	`	starts at the top and then falls sharp and strong to the bottom	**mà**	骂	scold

Vowels without tonal marks are considered 'neutral' or fifth tone:

neutral	flat, with no emphasis	**ma**	吗
		an expression of mood	

INITIAL CONSONANTS

Symbol	Approximate Pronunciation	Example	Pronunciation
c	like ts in pits	草	*cǎo*
ch	like ch in church	吃	*chī*
h	like ch in Scottish loch	花	*huā*
q	like ch in chip	旗	*qí*
r	like r in raw	人	*rén*
sh	like sh in wash, with the tongue curved at the back of the mouth	是	*shì*
x	like sh in she, with the tongue resting at the back of the lower teeth	心	*xīn*
z	like ds in kids	子	*zǐ*
zh	like j in judge	中	*zhōng*

The letters b, d, f, g, j, k, l, m, n, p, s, t, w are pronounced generally as in English.

FINALS

The following table illustrates the final sounds in **pīnyīn**, and their equivalents in English.

Symbol	Approximate Pronunciation	Example	Pronunciation
a	like a in father	八	bā
e	like e in her	鹅	é
i	1. like e in me	1. 一	1. yī
	2. not pronounced after c, s, z	2. 此	2. cǐ
	3. after ch, sh, zh and r, pronounce all letters of the syllable with the tongue curled back, like i in bird	3. 吃	3. chī
o	like aw in awe	我	wǒ
u	like oo in spoon	五	wǔ
ü	like pronouncing you with lips pursed	女	nǚ
ai	like ai in aisle	爱	ài
an	like an in ran	安	ān
ang	like ang in rang	昂	áng
ao	like ow in how	奥	ào
ei	like ei in eight	类	lèi
en	like en in open	恩	ēn
eng	like en in open + g er like err, but with the tongue curled back and the sound coming from the back of the throat	衡 二	héng èr
ia	like ya in yard	下	xià
ian	similar to yen	联	lián
iang	like ee-ang	两	liǎng
iao	like ee ee-ow	料	liào
ie	like ye in yes	列	liè
in	like in in thin	林	lín

Symbol	Approximate Pronunciation	Example	Pronunciation
ing	like ing in thing	龄	*líng*
iong	like ee-ong	雄	*xióng*
iu	like yo in yoga	六	*liù*
ou	like ou in dough	楼	*lóu*
ong	like oong with oo as in soon	龙	*lóng*
ua	like wah	华	*huá*
uai	similar to why	怀	*huái*
uan	like wahn	环	*huán*
uang	like wahng	黄	*huáng*
ue	like u + eh	学	*xué*
ui	similar to way	会	*huì*
un	like uan in truant	魂	*hún*
uo	similar to war	或	*huò*

There are more than one billion speakers of Mandarin Chinese. It is the official language of the People's Republic of China (PRC), the media in China and schools in China and Taiwan. It is one of four official languages in Singapore. There are many dialects of Chinese spoken throughout China and the world, but Mandarin is the most commonly used in China as well as Taiwan. Mandarin is known as **pǔ tōng huà** in mainland China, literally, common speech. Besides Mandarin, there are six additional major dialects in China, including Cantonese, which is spoken in Guangdong, Guangxi and Hong Kong. There are also a number of ethnic languages, such as Zhuang, Mongolian and Miao.

Written Chinese is not a combination of letters but ideograms. Chinese is written with characters known as **hàn zì**. Each character represents a syllable of spoken Chinese; more than 80% of Chinese characters are actually compounds of two or more characters.

Chinese in written form can be traditional or simplified. Traditional Chinese is used in Taiwan, Hong Kong and Singapore, though the latter two are transitioning to simplified Chinese. Traditional Chinese has more strokes and is written vertically in columns from right to left. Simplified Chinese has fewer strokes and is written horizontally from left to right. This phrase book features simplified Chinese.

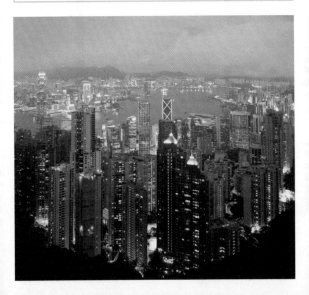

HOW TO USE THE APP

Quickly access your recently viewed entries

Look up words and phrases on-the-go

Conveniently navigate the phrasebook categories

Change font size and background color

Save the most useful everyday words and phrases to your Favorites

Use the Flash Cards Quiz to learn and memorize new words easily

Take all digital advantages of the app: listen to words and phrases pronounced by native speakers

To learn how to Activate the app, see the inside back cover of this phrasebook.

GRAMMAR

VERBS

Chinese verbs are not conjugated. There is one basic verb form
that is used for every person and time (present, past, future)
Actions at different times are usually expressed using adverbs
of time such as yesterday, tomorrow, etc.
He walks to school everyday. (habitual action)
他每天走路去上学.
tā měi tiān zǒu lù qù shàng xié
We want to go to school on foot. (talking about a plan)
我们要走路去上学。
wǒ men yào zǒu lù qù shàng xié
I walked to school. (talking about a past event)
我是走路去学校的。
wǒ shì zǒu lù qù xié xiào de
Time can also be expressed by using the particle 过 (**guò**) and/
or 了 (**le**). In the below example, both are used:
I have eaten.
我吃过了。
wǒ chī guò le

NOUNS

There are no plural forms for Chinese nouns, with few
exceptions. Whether the noun is singular or plural is
determined from the context or by a number modifying the
noun.
My bag is missing.
我的包不见了。
wǒ de (yí ge) bāo bú jiàn le (use '**yí ge**' or nothing before or
after '**bāo**').
My bags are missing.
我的包都不见了。
wǒ de dōu bú jiàn le (the word '**dōu**' indicate more than one).

PRONOUNS

Personal pronouns in Chinese are:

I	我	*wǒ*
you	你	*nǐ*
he	他	*tā*
she	她	*tā*
it	它	*tā*
we	我们	*wǒ men*
you (pl)	你们	*nǐ men*
they	*m* 他们/*f* 她们	*tā men*

Personal pronouns do not require different verb forms:

I am	我是	*wǒ shì*
He is	他是	*tā shì*
They are	他们是	*tā men shì*

To make a pronoun possessive, just add 的 (**de**) after the pronoun:
my 我的 *wǒ de* (Literally: I + 'de')

WORD ORDER

Word order in Chinese is usually as in English: subject, verb, object. This varies though depending on the emphasis of the sentence.

I would like a cup of tea.

我想要杯茶。

wǒ xiǎng yào bēi chá

Yes/No questions are formed by adding the question word 吗 (**ma**) at the end of the statement:

Is this the ticket office? (Literally: This is ticket office?)

这是售票处吗？

zhè shì shòu piào chù ma

Other questions are formed by inserting specific question words — who, what, where, when, how many, in the place in the statement where the information asked for would come:

Where is the ticket office?

售票处在哪里？

shòu piào chù zài nǎ li

The Chinese is literally, 'Ticket office is *where*?' 'Where' follows the verb because the answer would also follow the verb, 'The ticket office is *here*.'

NEGATION & AFFIRMATION

不 (**bú**) or 没 (**méi**) is added before the verb to indicate negation. While 不 preceeds the verb to be, 没 is used in front of 有 (**yǒu**) and to negate the action already completed:

I am not on vacation.

我不是在度假。

wǒ bú shì zài dù jià

I have not bought the ticket.

我还没有买票。

wǒ hái méi yǒu mǎi piào.

Repeat the verb that was used in the question for affirmations or add 不 (**bù**) before the verb for negations:

Would you like tea?

你想喝茶吗？

nǐ xiǎng hē chá ma

Yes, I would.

想。

xiǎng

No, thank you.

不想。

bù xiǎng

IMPERATIVES

Usually, 吧 (**ba**) or 呀 (**ya**) is added at the end of a statement to express a command politely:
Buy the ticket!
买票吧 !
mǎi piào ba

ADJECTIVES

Adjectives with two or more syllables in Chinese usually have the character 的 (**de**) at the end and precede the noun they modify:
a good meal
好吃的饭
hǎo chī de fàn

ADVERBS

Adverbs in Chinese are usually followed by 地 (**de**) and precede the verbs they modify:
work carefully
认真地工作
rèn zhēn de gōng zuò

PRACTICALITIES

THE BASICS

NUMBERS

NEED TO KNOW

0	零	*líng*
1	一	*yī*
2	二	*èr*
3	三	*sān*
4	四	*sì*
5	五	*wǔ*
6	六	*liù*
7	七	*qī*
8	八	*bā*
9	九	*jiǔ*
10	十	*shí*
11	十一	*shí yī*
12	十二	*shí èr*

13	十三
	shí sān
14	十四
	shí sì
15	十五
	shí wǔ
16	十六
	shí liù
17	十七
	shí qī
18	十八
	shí bā
19	十九
	shí jiǔ
20	二十
	èr shí
21	二十一
	èr shí yī
22	二十二
	èr shí èr
30	三十
	sān shí
31	三十一
	sān shí yī
40	四十
	sì shí
50	五十
	wǔ shí
60	六十
	liù shí
70	七十
	qī shí

80	八十 *bā shí*
90	九十 *jiǔ shí*
100	一百 *yì bǎi*
101	一百零一 *yì bǎi líng yī*
200	二百 *èr bǎi*
500	五百 *wǔ bǎi*
1,000	一千 *yì qiān*
10,000	一万 *yí wàn*
1,000,000	一百万 *yì bǎi wàn*

In Chinese, there are general numbers, listed above, used for talking about sums of money, phone numbers, etc. There is also a system for combining a number with an object-specific counter. This system groups objects into types according to shape and size; there are specific ways to count flat objects, machines, animals, people, etc. When you're unsure of the correct counter, you can try using the general numbers above or the all-purpose counters opposite.

ALL PURPOSE COUNTERS

1	一个
	yí gè
2	两个
	liǎng
3	三个
	sān gè
4	四个
	sì gè
5	五个
	wǔ gè
6	六个
	liù gè
7	七个
	qī gè
8	八个
	bā gè
9	九个
	jiǔ gè
10	十个
	shí gè

Note that the counter usually precedes the word it qualifies:

I'd like an apple.

我想要一个苹果。

wǒ xiǎng yào yī gè píng guǒ

I'd like two apples.

我想要两个苹果。

wǒ xiǎng yào liǎng gè píng guǒ

OTHER COUNTERS

	thin, flat objects	(of any shape)	(of any size)
1	一张 *yī zhāng*	一片 *yí piàn*	一包 *yí bāo*
2	两张 *liǎng zhāng*	两片 *liǎng piàn*	两包 *liǎng bāo*
3	三张 *sān zhāng*	三片 *sān piàn*	三包 *sān bāo*
4	四张 *sì zhāng*	四片 *sì piàn*	四包 *sì bāo*
5	五张 *wǔ zhāng*	五片 *wǔ piàn*	五包 *wǔ bāo*

ORDINAL NUMBERS

first	第一
	dì yī
second	第二
	dì èr
third	第三
	dì sān
fourth	第四
	dì sì
fifth	第五
	dì wǔ

MEASUREMENTS OF ACTION

once	一次
	yí cì
twice	两次
	liǎng cì
three times	三次
	sān cì

TIME

NEED TO KNOW

What time is it?	几点了？
	jǐ diǎn le
It's noon [midday].	现在是中午。
	xiàn zài shì zhōng wǔ
At midnight.	午夜
	wǔ yè
From one o'clock to two o'clock.	从一点到两点
	cóng yì diǎn dào liǎng diǎn
Five after [past] three.	三点过五分
	sān diǎn guò wǔ fēn
A quarter to four.	差一刻四点
	chà yí kè sì diǎn
5:30 a.m./p.m.	上午/下午五点半
	shàng wǔ/xià wǔ wǔ diǎn bàn

DAYS

NEED TO KNOW

Monday	星期一
	xīng qī yī
Tuesday	星期二
	xīng qī èr
Wednesday	星期三
	xīng qī sān
Thursday	星期四
	xīng qī sì
Friday	星期五
	xīng qī wǔ
Saturday	星期六
	xīng qī liù
Sunday	星期天
	xīng qī tiān

DATES

yesterday	昨天
	zuó tiān
today	今天
	jīn tiān
tomorrow	明天
	míng tiān
day	天
	tiān
week	星期
	xīng qī

month	月
	yuè
year	年
	nián

> In China, dates are written in the following order: year 年 (**nián**), month 月 (**yuè**) and date 日 (**rì**). For example, October 12, 2015 in Chinese would be 2015 年 10 月 12 日. Note that while months can be represented as below, Arabic numbers are also used.

MONTHS

January	一月
	yī yuè
February	二月
	èr yuè
March	三月
	sān yuè
April	四月
	sì yuè
May	五月
	wǔ yuè
June	六月
	liù yuè
July	七月
	qī yuè
August	八月
	bā yuè

September	九月
	jiǔ yuè
October	十月
	shí yuè
November	十一月
	shí yī yuè
December	十二月
	shí èr yuè

SEASONS

In/During the...	在…
	zài...
spring	春天
	chūn tiān
summer	夏天
	xià tiān
fall [autumn]	秋天
	qiū tiān
winter	冬天
	dōng tiān

HOLIDAYS

1st Day of the 1st Lunar Month: Spring Festival (Chinese New Year)

March 8: International Woman's Day

April 5: Tomb Sweeping Day

May 1: International Labor Day

May 5 (Lunar Calendar): Dragon Boat Festival

June 1: Children's Day

August 15 (8th month of Lunar Calendar): Mid-Autumn Festival (Moon cake Day)

October 1: National Day

Traditional holidays, such as Chinese New Year, or Spring Festival, follow the lunar calendar and, so, dates vary annually. Chinese New Year is an important holiday in China, celebrated with gifts, decorations, traditional food and fireworks. It ends on the fifteenth day of the lunar new year with the Lantern Festival, which includes festivities such as a lantern parade and lion dance.

ARRIVAL & DEPARTURE

NEED TO KNOW

I'm on vacation [holiday]/business.	我在度假/出差。 *wǒ zài dù jià/chū chāi*
I'm going to…	我要去… *wǒ yào qù…*
I'm staying at the… Hotel.	我住在…旅馆。 *wǒ zhù zài…lǚ ü guǎn*

BORDER CONTROL

I'm just passing through.	我只是过境。 *wǒ zhǐ shì guò jìng*
I'd like to declare…	我想申报… *wǒ xiǎng shēn bào…*
I have nothing to declare.	我不需要申报。 *wǒ bù xū yào shēn bào*

YOU MAY HEAR...

请出示护照。
qǐng chū shì hù zhào

您访问的目的是什么？
nín fǎng wèn de mù dì shì shén me

您住在哪里？
nín zhù zài nǎ li

您要呆多久？
nín yào dāi duō jiǔ

谁和您一起来的？
shéi hé nín yì qǐ lái de

Your passport, please.

What's the purpose of your visit?

Where are you staying?

How long are you staying?

Who are you here with?

U.S. and U.K. citizens must possess a valid passport and visa, issued by the Chinese authorities, to enter China. Tour groups may be issued group visas; usually arranged by the travel agency.

Before you arrive in China, you must have filled out a declaration form listing any valuables in your possession. When you leave China, you may be asked to show that you are taking with you the items listed, except for any items declared as gifts.

Contact your consulate for information on obtaining visas and for health requirements and travel advisories.

YOU MAY HEAR...

需要申报吗？ *xū yào shēn bào ma*	Anything to declare?
该物品必须付税。 *gāi wù pǐn bì xū fù shuì*	You must pay duty on this.
请打开这个包。 *qǐng dǎ kāi zhè ge bāo*	Open this bag.

YOU MAY SEE...

海关 *hǎi guān*	customs
免税物品 *miǎn shuì wù pǐn*	duty-free goods
申报物品 *shēn bào wù pǐn*	goods to declare
不需要申报 *bù xū yào shēn bào*	nothing to declare
护照检查 *hù zhào jiǎn chá*	passport control
警察 *jǐng chá*	police

MONEY

NEED TO KNOW

Where's the...?	…在哪里？
	…zài nǎ li
ATM	自动取款机
	zì dòng qǔ kuǎn jī
bank	银行
	yín háng
currency exchange	货币兑换处
office	*huò bì duì huàn chù*
When does the bank	银行什么时候开门/关门？
open/close?	*yín háng shén me shí hou kāi mén/guān mén*
I'd like to change	我想把美元/英镑换成人民币。
dollars/pounds into	*wǒ xiǎng bǎ měi yuán/yīng bàng*
Ren Min Bi.	*huàn chéng rén mín bì*
I'd like to cash	我想把旅行支票换成现金。
traveler's checks	*wǒ xiǎng bǎ lǚ xíng zhī piào huàn*
[cheques].	*chéng xiàn jīn*

AT THE BANK

I'd like to change money/get a cash advance.	我想换钱/预支现金。 *wǒ xiǎng huàn qián/yù zhī xiàn jīn*
What's the exchange rate/fee?	外币兑换率/费用是多少? *wài bì duì huàn lǜ/fèi yòng shì duō shǎo*
I think there's a mistake.	我觉得出错了。 *wǒ jué de chū cuò le*
I lost my traveler's checks [cheques].	我丢了旅行支票。 *wǒ diū le lǚ xíng zhī piào*
My credit card...	我的信用卡 *... wǒ de xìn yòng kǎ...*
was lost	丢了 *diū le*
was stolen	被偷了 *bèi tōu le*
doesn't work	不能用 *bù néng yòng*
The ATM ate my card.	自动取款机吞了我的信用卡。 *zì dòng qǔ kuǎn jī tūn le wǒ de xìn yòng kǎ*

For Numbers, see page 20.

YOU MAY SEE...

Chinese currency 人民币 **rén mín bì (RMB)**, literally, 'people's money', is not tradable outside China. The monetary unit is the 元 **yuán**, which is divided into 角 **jiǎo** and 分 **fēn**. Bill denominations include 1, 2, 5, 10, 20, 50, 100 **yuán** and 1, 2 and 5 **jiǎo**; coins include 1, 2, 5, 10, 50, 100 **fēn**. One **yuán** is equal to 100 **fēn** while 1 **jiǎo** equals 10 **fēn**.

YOU MAY SEE...

从这里插入信用卡	insert card here
取消	cancel
清除	clear
进入	enter
密码	PIN
取款	withdrawal
从支票账户取钱	from checking [current] account
从储蓄账户取钱	from savings account
收据	receipt

CONVERSATION

LANGUAGE DIFFICULTIES

NEED TO KNOW

Hello!	你好！
	nǐ hǎo
How are you?	你好吗？
	nǐ hǎo ma
Fine, thanks.	很好，谢谢。
	hěn hǎo, xiè xie
Excuse me!	请问！
	qǐng wèn
Do you speak English?	你讲英语吗？
	nǐ jiǎng yīng yǔ ma

What's your name?	你叫什么名字？
	nǐ jiào shén me míng zi
My name is…	我叫…
	wǒ jiào …
Nice to meet you.	见到你很高兴。
	jiàn dào nǐ hěn gāo xìng
Where are you from?	你从哪里来？
	nǐ cóng nǎ li lái
I'm from the U.S./ U.K.	我从美国/英国来。
	wǒ cóng měi guó/ yīng guó lái
What do you do?	你做什么工作？
	nǐ zuò shén me gōng zuò
I work for…	我为…工作。
	wǒ wéi…gōng zuò
I'm a student.	我是学生。
	wǒ shì xué shēng
I'm retired.	我退休了。
	wǒ tuì xiū le
Do you like…?	你想…？
	nǐ xiǎng…
Goodbye.	再见。
	zài jiàn

ℹ

It is polite to address people with: Sir, 先生 (**xiān shēng**), Madam, 女士 (**nǚ shì**) or Miss, 小姐 (**xiǎo jiě**). The Chinese also give special respect to older men and women by addressing them with 大爷 (**dà ye**) and 大娘 (**dà niáng**), respectively.

Do you speak English?	你说英语吗？
	nǐ shuō yīng yǔ ma
Does anyone here speak English?	这里有谁说英语吗？
	zhè li yǒu shéi shuō yīng yǔ ma
I don't speak Chinese.	我不会说中文。
	wǒ bú huì shuō zhōng wén
Can you speak more slowly?	你能说慢一点吗？
	nǐ néng shuō màn yì diǎn ma
Can you repeat that?	你能再说一次吗？
	nǐ néng zài shuō yí cì ma
Excuse me?	请问？
	qǐng wèn
What was that?	那是什么？
	nà shì shén me
Can you spell it?	你能把它拼出来吗？
	nǐ néng bǎ tā pīn chū lái ma
Please write it down.	请把它写下来。
	qǐng bǎ tā xiě xià lái
Can you translate this into English for me?	你能把这个翻译成英语吗？
	nǐ néng bǎ zhè ge fān yì chéng yīng yǔ ma
What does this/that mean?	这个/那个是什么意思？
	zhè ge/nà ge shì shén me yì si
I understand.	我明白了。
	wǒ míng bai le
I don't understand.	我不明白。
	wǒ bù míng bai
Do you understand?	你明白了吗？
	nǐ míng bai le ma

YOU MAY HEAR...

我只说一点英语。	I only speak
wǒ zhī shuō yì diǎn yīng yǔ	a little English.
我不会说英语。	I don't speak
wǒ bú huì shuō yīng yǔ	English.

MAKING FRIENDS

Hello!	你好！
	nǐ hǎo
Good morning.	早晨好。
	zǎo chén hǎo
Good afternoon.	下午好。
	xià wu hǎo
Good evening.	晚上好。
	wǎn shang hǎo
My name is...	我的名字是…
	wǒ de míng zi shì...
What's your name?	你叫什么名字？
	nǐ jiào shén me míng zi
I'd like to introduce	我想向你介绍…
you to...	*wǒ xiǎng xiàng nǐ jiè shào...*
Pleased to meet you.	见到你很高兴。
	jiàn dào nǐ hěn gāo xìng
How are you?	你好吗？
	nǐ hǎo ma
Fine, thanks.	很好，谢谢。你呢？
And you?	*hěn hǎo xiè xie nǐ ne*

A light, quick handshake is generally an accepted greeting in China. A subtle nod and slight bow are other common greetings. You may also see someone lowering his or her eyes upon meeting someone; this is a gesture of respect.

TRAVEL TALK

I'm here...	我在这里…	
	wǒ zài zhè li...	
on business	-出差	
	chū chāi	
on vacation [holiday]	度假	
	dù jià	
studying	学习	
	xué xí	
I'm staying for...	我要呆…	
	wǒ yào dài...	
I've been here...	我在这里已经…了	
	wǒ zài zhè li yǐ jīng...le	
a day	一天	
	yì tiān	
a week	一个星期	
	yí gè xīng qī	
a month	一个月	
	yí gè yuè	
Where are you from?	你从哪里来?	
	nǐ cóng nǎ li lái	
I'm from...	我来自…	
	wǒ lái zì...	
Have you ever been to...?	你去过…吗?	
	nǐ qù guò...ma	

Australia	澳洲
	ào zhōu
Canada	加拿大
	jiā ná dà
Ireland	爱尔兰
	ài ěr lán
the U.K.	英国
	yīng guó
the U.S.	美国
	měi guó

For Numbers, see page 20.

PERSONAL

Who are you with?	你和谁一起来的?
	nǐ hé shéi yì qǐ lái de
I'm here alone.	我是一个人来的。
	wǒ shì yí ge rén lái de
I'm with my...	我和我的…一起来的。
	wǒ hé wǒ de…yì qǐ lái de
husband/wife	丈夫/妻子
	zhàng fu/qī zǐ
boyfriend/ girlfriend	男/女朋友
	nán/nǚ péng you
friend(s)/	朋友
	péng yǒu
colleague(s)	同事
	tóng shì
When's your birthday?	你的生日是什么时候?
	nǐ de shēng rì shì shén me shí hòu
How old are you?	你多大年纪了?
	nǐ duō dà nián jì le

I'm…	我…
	wǒ …
Are you married?	你结婚了吗？
	nǐ jié hūn le ma
I'm…	我…
	wǒ…
single/in a relationship	单身/有固定朋友
	dān shēn/yǒu gù dìng péng you
engaged/married	订婚/结婚了
	dìng hūn/jié hūn le
divorced/ separated	离婚/分居了
	lí hūn/fēn jū le
widowed	我的妻子/丈夫去世了
	wǒ de qī zi/zhàng fu qù shì le
Do you have children/ grandchildren?	你有孩子/孙子吗？
	nǐ yǒu hái zi/sūn zi ma

For Numbers, see page 20.

WORK & SCHOOL

What do you do?	你做什么工作？
	nǐ zuò shén me gōng zuò
What are you studying?	你在学什么？
	nǐ zài xué shén me
I'm studying Chinese.	我在学中文。
	wǒ zài xué zhōng wén
I…	我…
	wǒ…
am a consultant	是一位顾问
	shì yí wèi gù wèn
am unemployed	失业了
	shī yè le

work at home	在家工作 *zài jiā gōng zuò*
Who do you work for?	你为谁工作？ *nǐ wèi shéi gōng zuò*
I work for...	我为…工作。 *wǒ wèi…gōng zuò*
Here's my business card.	这是我的名片。 *zhè shì wǒ de míng piàn*

WEATHER

What's the forecast?	天气预报如何？ *tiān qì yù bào rú hé*
What beautiful/ terrible weather!	今天天气真好/不好！ *jīn tiān tiān qì zhēn hǎo/bù hǎo*
It's...	今天… *jīn tiān…*
cool/warm	凉快/暖和 *liáng kuài/nuǎn huo*
cold/hot	冷/热 *lěng/rè*
rainy/sunny	下雨/晴天 *xià yǔ/qíng tiān*
snowy/icy	下雪/有冰 *xià xuě/yǒu bīng*
Do I need a jacket/ an umbrella?	我需要外套/雨伞吗？ *wǒ xū yào wài tào/yǔ sǎn ma*

ON THE WAY

GETTING AROUND

NEED TO KNOW

How do I get to town?	我怎么去城里？
	wǒ zěn me qù chéng lǐ
Where's the…?	…在哪里？
	…zài nǎ li
airport	机场
	jī chǎng
train [railway] station	火车站
	huǒ chē zhàn
bus station	汽车站
	qì chē zhàn
subway [underground] station	地铁站
	dì tiě zhàn
How far is it?	它有多远？
	tā yǒu duō yuǎn
Where do I buy a ticket?	我在哪里买票？
	wǒ zài nǎ li mǎi piào

A one-way/round-trip [return] ticket to...	一张到…的单程/双程票	
	yī zhāng dào...de dān chéng/shuāng chéng piào	
How much?	多少钱？	
	duō shǎo qián	
Which...?	哪…？	
	nǎ...	
gate	个门	
	ge mén	
line	条线	
	tiáo xiàn	
platform	个站台	
	ge zhàn tái	
Where can I get a taxi?	我可以在哪里找到出租车？	
	wǒ kě yǐ zài nǎ li zhǎo dào chū zū chē	
Take me to this address.	把我送到这个地址。	
	bǎ wǒ sòng dào zhè ge dì zhǐ	
Can I have a map?	我能买一张地图吗？	
	wǒ néng mǎi yì zhāng dì tú ma	

TICKETS

When's the...to Beijing?	去北京的…是什么时间？	
	qù běi jīng de...shì shén me shí jiān	
(first) bus	（第一班）公共汽车	
	(dì yī bān) gōng gòng qì chē	
(next) flight	（下一班）飞机	
	(xià yì bān) fēi jī	
(last) train	（最后一班）火车	
	(zuì hòu yì bān) huǒ chē	
Where do I buy a ticket?	我在哪里买票？	
	wǒ zài nǎ li mǎi piào	

One/two ticket(s), please.	请给我一张/两张票。
	qǐng gěi wǒ yì zhāng/liǎng zhāng piào
For today/tomorrow.	要今天/明天的。
	yào jīn tiān/míng tiān de
A...ticket.	一张⋯票。
	yì zhāng...piào
one way	单程
	dān chéng
round trip [return]	双程
	shuāng chéng
first class	头等舱
	tóu děng cāng
business class	商务舱
	shāng wù cāng
economy class	经济舱
	jīng jì cāng
The express bus/ express train, please.	请给我特快巴士/火车车票。
	qǐng gěi wǒ tè kuài bā shì/huǒ chē chē piào
The local bus/train, please.	请给我普通巴士/火车车票
	qǐng gěi wǒ Pǔ tōng bā shì/huǒ chē chē piào
How much?	多少钱？
	duō shǎo qián
Is there a...discount?	⋯打折吗？
	...dǎ zhé ma
child	孩子
	hái zi
student	学生
	xué shēng
senior citizen	老人
	lǎo rén
tourist	游客
	yóu kè

I have an e-ticket.	我有一张电子票。
	wǒ yǒu yì zhāng diàn zǐ piào
Can I buy a ticket on the bus/train?	我可以在公共汽车/火车上买票吗？
	wǒ kě yǐ zài gōng gòng qì chē/huǒ chē shàng mǎi piào ma
Do I have to stamp the ticket before boarding?	我必须在上车前检票吗？
	wǒ bì xū zài shàng chē qián jiǎn piào ma
How long is this ticket valid?	这张票多长时间有效？
	zhè zhāng piào duō cháng shí jiān yǒu xiào
Can I return on the same ticket?	我可以用同一张票回来吗？
	wǒ kě yǐ yòng tóng yì zhāng piào huí lái ma
I'd like to...my reservation.	我想…预定。
	wǒ xiǎng...yù dìng
cancel	取消
	qǔ xiāo
change	改变
	gǎi biàn
confirm	确认
	què rèn

For Days of the week, see page 26.

AIRPORT TRANSFER

How much is a taxi to the airport?	去机场坐出租车要多少钱？
	qù jī chǎng zuò chū zū chē yào duō shǎo qián
To...Airport, please.	请带我去…机场。
	qǐng dài wǒ qù...jī chǎng
My airline is...	我的航空公司是…
	wǒ de háng kōng gōng sī shì...

My flight leaves at...	我的航班···起飞
	wǒ de háng bān...qǐ fēi
I'm in a rush.	我在赶时间。
	wǒ zài gǎn shí jiān
Can you take an alternate route?	你能走另一条路线吗？
	nǐ néng zǒu lìng yì tiáo lù xiàn ma
Can you drive faster/slower?	你能开快一点/慢一点吗？
	nǐ néng kāi kuài yì diǎn/màn yì diǎn ma

For Time, see page 25.

YOU MAY HEAR...

您乘坐哪家航空公司的班机？	What airline are you flying?
nín chéng zuò nǎ jiā háng kōng gōng sī de bān jī	
国内还是国际航班？	Domestic or international?
guó nèi hái shì guó jì háng bān	
哪一个候机厅	What terminal?
nǎ yí gè hòu jī tīng	

In addition to China Airlines, many U.S. and U.K.
airlines have frequent flights to China. Main cities, such as
Beijing, Shanghai, Shenzhen, Guangzhou, Tianjin, Chongqing
and Xi'an have international airports with flights to and from
the U.S. and U.K. The procedure for departure and arrivals
is similar to that at an airport in the U.S. and U.K. Duty-free
stores as well as transportation from the airport to the
downtown area are available at most international Chinese
airports.

If you plan to travel throughout China, it is a good idea
to make arrangements in advance. Some major tourist
information offices that can help you to book tickets, hotels
and flights, include: China International Travel Service (www.
cits.net), China Travel Service
(www.chinatravelservice.com) and China Youth Travel Sevice
(www.chinayouthtravel.com). Bear in mind that reservations
often need to be made well in advance.

CHECKING IN

Where's check in?	在哪里办理登机手续？
	zài nǎ li bàn lǐ dēng jī shǒu xù
My name is…	我叫…
	wǒ jiào…
I'm going to…	我要去…
	wǒ yào qù…
I have…	我有…
	wǒ yǒu…
one suitcase	一个行李箱
	yí ge xíng li xiāng
two suitcases	两个行李箱
	liǎng ge xíng li xiāng

YOU MAY SEE...

抵达	arrivals
dǐ dá	
离境	departures
lí jìng	
认领行李	baggage claim
rèn lǐng xíng li	
安检	security
ān jiǎn	
国内航班	domestic
guó nèi háng bān	flights
国际航班	international
guó jì háng bān	flights
办理登机手续	check-in
bàn lǐ dēng jī shǒu xù	
办理电子票登机手续	e-ticket
bàn lǐ diàn zǐ piào dēng jī shǒu xù	check-in
登机口	departure
dēng jī kǒu	gates

one carry-on [piece of hand luggage]	一件随身行李 *yí jiàn suí shēn xíng li*
How much luggage is allowed?	允许带几件行李？ *yǔn xǔ dài jǐ jiàn xíng li*
Is that pounds or kilos?	你是指磅还是公斤？ *nǐ shì zhǐ bàng hái shì gōng jīn*
Which terminal/ gate?	哪个候机厅/登机门？ *nǎ gè hòu jī tīng/dēng jī mén*
I'd like a window/an aisle seat.	我想要靠窗口/过道的座位。 *wǒ xiǎng yào kào chuāng kǒu/guò dào de zuò wèi*

When do we leave/arrive?	我们几点离开/到达？
	wǒ men jǐ diǎn lí kāi/dào dá
Is the flight delayed?	飞机晚点了吗？
	fēi jī wǎn diǎn le ma
How late?	有多晚？
	yǒu duō wǎn

YOU MAY HEAR...

下一个！	Next!
xià yí gè	
请出示护照/机票。	Your passport/ ticket, please.
qǐng chū shì hù zhào/jī piào	
您需要托运行李吗？	Are you checking any luggage?
nín xū yào tuō yùn xíng li ma	
那件随身行李太大。	That's too large for a carry on [to carry on board].
nà jiàn suí shēn xíng li tài dà	
您是自己打的包吗？	Did you pack these bags yourself?
nín shì zì jǐ dǎ de bāo ma	
有人让您带东西了吗	Did anyone give you anything to carry?
yǒu rén ràng nín dài dōng xī le ma	
掏空您的口袋。	Empty your pockets.
tāo kōng nín de kǒu dài	
请脱鞋。	Take off your shoes.
qǐng tuō xié	
现在…登机。	Now boarding...
xiàn zài...dēng jī	

LUGGAGE

Where is/are…?	…在哪里？
	…zài nǎ li
the luggage carts [trolleys]	手推车
	shǒu tuī chē
the luggage lockers	行李暂存箱
	xíng li zàn cún xiāng
the baggage claim	认领行李
	rèn lǐng xíng li
My luggage has been lost/stolen.	我的行李丢了/被偷了。
	wǒ de xíng li diū le/bèi tōu le
My suitcase is damaged.	我的手提箱被损坏了。
	wǒ de shǒu tí xiāng bèi sǔn huài le

For Grammar, see page 14.

Throughout this phrase book, the pronoun 我 (**wǒ**)
(I) is used for simplicity. However, if you are traveling with
someone, use 我们 (**wǒ men**) (we).
Example:
我要买票。 (**wǒ yào mǎi piào**) I need a ticket.
我们要买票。 (**wǒ men yào mǎi piào**) We need tickets.

FINDING YOUR WAY

Where is/are…?	…在哪里？
	…zài nǎ li
the currency exchange	货币兑换
	huò bì duì huàn
the car hire	租车
	zū chē

the exit	出口
	chū kǒu
the taxis	出租车
	chū zū chē
Is there a...into town?	有没有去城里的…?
	yǒu mei yǒu qù chéng lǐ de...
bus	公共汽车
	gōng gòng qì chē
train	火车
	huǒ chē
subway	地铁
	dì tiě

For Asking Directions, see page 65.

TRAIN

Where's the train station?	火车站在哪里?
	huǒ chē zhàn zài nǎ li
How far is it?	有多远?
	yǒu duō yuǎn
Where is/are...?	…在哪里?
	...zài nǎ li
the ticket office	售票处
	shòu piào chù
the information desk	问讯处
	wèn xùn chù
the luggage lockers	行李暂存箱
	xíng li zàn cún xiāng
the platforms	站台
	zhàn tái
Can I have a schedule [timetable]?	给我一张时间表好吗?
	gěi wǒ yì zhāng shí jiān biǎo hǎo ma

Is it a direct train?	是直达列车吗？
	shì zhí dá liè chē ma
Do I have to change trains?	我要转车吗？
	wǒ yào zhuǎn chē ma
How long is the trip?	旅途多长时间？
	lǚ tú duō cháng shí jiān
Is the train on time?	火车准时吗？
	huǒ chē zhǔn shí ma

For Tickets, see page 45.

YOU MAY SEE...

站台	platforms
zhàn tái	
信息	information
xìn xī	
预定	reservations
yù dìng	
候车室	waiting room
hòu chē shì	
抵达	arrivals
dǐ dá	
离开	departures
lí kāi	

DEPARTURES

Which track [platform] to...?	哪个站台去…？
	nǎ ge zhàn tái qù…
Is this the track [platform]/train to...?	这是去…的站台/火车吗？
	zhè shì qù…de zhàn tái/huǒ chē ma

Where is track [platform]…?	…站台在哪里？
	…zhàn tái zài nǎ li
Where do I change for…?	我怎么转车去…？
	wǒ zěn me zhuǎn chē qù…

China has a vast rail network and you can travel by train to almost every Chinese city and town. There are different types of train service available: express, 快车 **kuài chē**; regular, 慢车 **màn chē**; and non stop, 直达 **zhí dá**. For seats, there are five classes: hard seat, soft seat, hard sleeper, soft sleeper and standing. Buy a ticket at the train station or from one of the ticket offices located throughout major cities. Before boarding, have your ticket validated by an attendant at the station. In large cities, stations may have machines to validate your tickets.

YOU MAY HEAR…

请大家上车！	All aboard!
qǐng dà jiā shàng chē	
请出示车票。	Tickets, please.
qǐng chū shì chē piào	
您必须在北京换车。	You have to
nín bì xū zài běijīng	change at
huàn chē	at Beijing.
下一站是上海。	Next stop,
xià yí zhàn shì shàng hǎi	Shanghai.

ON BOARD

Can I sit here/open the window?	我可以坐在这里/打开窗子吗？ *wǒ kě yǐ zuò zài zhè li/dǎ kāi chuāng zi ma*
That's my seat.	那是我的座位。 *nà shì wǒ de zuò wèi*
Here's my reservation.	我预订了这个座位。 *wǒ yù dìng le zhè ge zuò wèi*

BUS

Where's the bus station?	汽车站在哪里？ *qì chē zhàn zài nǎ li*
How far is it?	有多远？ *yǒu duō yuǎn*
How do I get to…?	我怎么去…? *wǒ zěn me qù…*
Is this the bus to…?	这是去…的公共汽车吗？ *zhè shì qù…de gōng gòng qì chē ma*
Can you tell me when to get off?	你能告诉我什么时候下车吗？ *nǐ néng gào sù wǒ shén me shí hòu xià chē ma*
Do I have to change buses?	我要换公共汽车吗？ *wǒ yào huàn gōng gòng qì chē ma*
How many stops to…?	到…有几站？ *dào…yǒu jǐ zhàn*
Stop here, please!	请在这里停下！ *qǐng zài zhè li tíng xià*

For Tickets, see page 45.

YOU MAY SEE...

公共汽车站 *gōng gòng qì chē zhàn*	bus stop
上车/下车 *shàng chē/xià chē*	enter/exit

There are three kinds of bus systems in China: public buses for city transportation, tourist buses for sightseeing and long-distance buses for travel outside of town. Most buses run from 6:00 a.m. to 11:00 p.m. In major cities, you can purchase a monthly discounted pass for public buses. Tourist buses, which are available in major cities, may offer flexible fares (especially for groups) so be sure to negotiate with the driver. Long distance buses in China service practically every small town, including those in remote regions not accessible by train or plane. There is a bus station in almost every town, big and small, where you can find information on schedules, fares and routes. For public and long distance buses, buy your ticket at the bus station and have it validated by an attendant before boarding.

SUBWAY

Where's the subway station?	地铁站在哪里？ *dì tiě zhàn zài nǎ li*
A map, please.	请给我一张地图。 *qǐng gěi wǒ yì zhāng dì tú*

Which line for…?	哪条线去…？
	nǎ tiáo xiàn qù…
Which direction?	哪个方向？
	nǎ ge fāng xiàng
Do I have to transfer [change]?	我要换地铁吗？
	wǒ yào huàn dì tiě ma
Is this the subway [train] to…?	这趟地铁去…吗？
	zhè tàng dì tiě qù…ma
How many stops to…?	到…有几站？
	dào…yǒu jǐ zhàn
Where are we?	我们在哪里？
	wǒ men zài nǎ li

For Tickets, see page 45.

Major cities in China — Beijing, Shanghai, Nanjing, Guangzhou, Shenzhen and Tianjin — have subway systems. Purchase one trip tickets and discounted monthly passes at subway stations; some cities may also offer daily and/or weekend tickets. Request operation times, routes, fares, and other subway information from the ticket booth attendant. At some stations, you simply pay and enter; at others, you buy a ticket at the booth and have the ticket validated by an attendant before boarding. In large cities, stations may have machines to validate your tickets. Maps are available at the ticket booth, usually for a fee.

BOAT & FERRY

When is the ferry to…?	去…的轮渡是什么时间？ *qù…de lún dù shì shén me shí jiān*
Where are the life jackets?	救生衣在哪里？ *jiù shēng yī zài nǎ li*
What time is the next sailing?	下一个航班是什么时间？ *xià yī ge háng bān shì shén me shí jiān*
Can I book a seat/cabin?	我可以预定一个座位/船舱吗？ *wǒ kě yǐ yù ding yī gè zuò wèi/chuán cāng ma*
How long is the crossing?	横渡要多长时间？ *héng dù yào duō cháng shí jiān*

YOU MAY SEE...

救生船 *jiù shēng chuán*	life boat
救生衣 *jiù shēng yī*	life jacket

There is regular ferry and boat service between large coastal cities of China as well as along rivers, particularly the Chang Jiang (Yangzi) and Zhu Jiang (Pearl), but not the Huang He (Yellow). Some islands in Zhejiang, Fujian, Shandong, Guangdong and Liaoning are accessible by ferry. Check with a travel agent or the local ferry terminal for schedules, routes and fares.

TAXI

Where can I get a taxi?	我可以在哪里叫出租车？ *wǒ kě yǐ zài nǎ li jiào chū zū chē*
Can you send a taxi?	你们能派一辆出租车吗？ *nǐ men néng pài yī liàng chū zū chē ma*
Do you have the number for a taxi?	你有出租车公司的电话吗？ *nǐ yǒu chū zū chē gōng sī de diàn huà ma*
I'd like a taxi now/for tomorrow at…	我现在/明天想叫出租车 *wǒ xiàn zài/míng tiān xiǎng jiào chū zū chē*
Pick me up at…	在…接我 *zài…jiē wǒ*
I'm going to…	我要去… *wǒ yào qù…*
this address	这个地址 *zhè ge dì zhǐ*
the airport	机场 *jī chǎng*
the train [railway] station	火车站 *huǒ chē zhàn*
I'm late.	我晚了。 *wǒ wǎn le*
Can you drive faster/slower?	你能开快/慢点吗？ *nǐ néng kāi kuài/màn diǎn ma*
Stop/Wait here.	在这里停车/等我。 *zài zhè lǐ tíng chē/děng wǒ*
How much?	多少钱？ *duō shǎo qián*
You said it would cost…	你说过要… *nǐ shuō guò yào…*
Keep the change.	不用找零了。 *bú yòng zhǎo líng le*

YOU MAY HEAR...

去哪里？ *qù nǎ li*	Where to?
地址是什么？ *dì zhǐ shì shén me*	What's the address?
有夜间/机场费。 *yǒu yè jiān/jī chǎng fèi*	There's a nighttime/airport surcharge.

Taxi service in cities is usually meter-based; in smaller towns or in the countryside, you may need to negotiate a flat fee with the driver. Hail a taxi on the street by raising your arm or grab a taxi at taxi stands, located throughout major cities and recognizable by a TAXI sign. There is usually no surcharge for luggage, but a nighttime surcharge may apply. Tipping the taxi driver is not a norm in China, but will be happily accepted.

BICYCLE & MOTORBIKE

I'd like to rent [hire]…	我想租… *wǒ xiǎng zu…*
a bicycle	一辆自行车 *yí liàng zì xíng chē*
a moped	电动自行车 *diàn dòng zì xíng chē*
a motorcycle	一辆摩托车 *yí liàng mó tuō chē*

How much per day/week?	一天/星期多少钱？
	yì tiān/xīng qī duō shǎo qián
Can I have a helmet/lock?	我可以买一顶头盔/一把锁吗？
	wǒ kě yǐ mǎi yì dǐng tóu kuī/yì bǎ suǒ ma

i

Cycling is a popular mode of transportation throughout China. Bicycles can be rented in many Chinese towns, either at hotels or bicycle shops. To avoid parking fines and to minimize the risk of having the bicycle stolen, park the bicycle at guarded parking spaces for a small fee.

CAR HIRE

Where's the car rental [hire]?	租车在哪里？
	zū chē zài nǎ li
I'd like...	我想要…
	wǒ xiǎng yào…
a cheap/small car	一辆便宜的/小一点的汽车
	yí liàng pián yi de/xiǎo yì diǎn de qì chē
an automatic/ a manual	手动/自动
	shǒu dòng/zì dòng
air conditioning	空调
	kōng tiáo
a car seat	儿童安全座
	ér tóng ān quán zuò
How much...?	…多少钱？
	…duō shǎo qián
per day/week	每天/星期
	měi tiān/xīng qī
per kilometer	每公里
	měi gōng lǐ

YOU MAY HEAR...

您有国际驾照吗？
nín yǒu guó jì jià zhào ma

请出示您的护照。
qǐng chū shì nín de hù zhào

您想要保险吗？
nín xiǎng yào bǎo xiǎn ma

我需要押金。
wǒ xū yào yā jīn

在这里签上您的名字首字母/名字。
zài zhè li qiān shàng nín de míng zi shǒu zì mǔ/míng zi

Do you have an international driver's license?
Your passport, please.
Do you want insurance?
I'll need a deposit.
Initial/Sign here.

for unlimited mileage	不限里程 *bú xiàn lǐ chéng*
with insurance	有保险 *yǒu bǎo xiǎn*
Are there any discounts?	打折吗？ *dǎ zhé ma*
Where's the parking meter?	停车计时器在哪里？ *tíng chē jì shí qì zài nǎ li*
Where's the parking garage?	车库在哪里？ *chē kù zài nǎ li*

Car hire agencies are available only in major cities for driving within the city limits. You can, however, hire a driver for a few hours, a day or longer at a rate that you can negotiate. Talk to your hotel concierge about the best and safest rental options.

FUEL STATION

Where's the gas [petrol] station?	加油站在哪里？ *jiā yóu zhàn zài nǎ li*
Fill it up.	请加满。 *qǐng jiā mǎn*
I'll pay in cash/by credit card.	我用现金/信用卡付款。 *wǒ yòng xiàn jīn/xìn yòng kǎ fù kuǎn*

For Numbers, see page 20.

YOU MAY SEE...

汽油 *qì yóu*	gas [petrol]
有铅 *yǒu qiān*	leaded
无铅 *wú qiān*	unleaded
普通 *pǔ tōng*	regular
超级 *chāo jí*	super
优质 *yōu zhì*	premium
柴油 *chái yóu*	diesel
自助服务 *zì zhù fú wù*	self-service
全面服务 *quán miàn fú wù*	full service

ASKING DIRECTIONS

Is this the way to...?	这是去…的路吗？
	zhè shì qù…de lù ma
How far is it to...?	去…有多远？
	qù…yǒu duō yuǎn

YOU MAY HEAR...

一直向前	straight ahead
yì zhí xiàng qián	
左边	left
zuǒ biān	
右边	right
yòu biān	
在/转过街角	on/around the
zài/zhuǎn guò jiē jiǎo	corner
对面	opposite
duì mian	
后面	behind
hòu mian	
旁边	next to
páng biān	
后	after
hòu	
北/南	north/south
běi/nán	
东/西	east/west
dōng/xī	
在红绿灯那儿	at the traffic
zài hóng lǜ dēng nà er	light
在十字路口	at the
zài shí zì lù kǒu	intersection

Where's...? ···在哪里？
...zài nǎ li

...Street ···街
...jiē

this address 这个地址
zhè ge dì zhǐ

the highway 高速公路
[motorway] *gāo sù gōng lù*

Can you show me 你能在地图上指给我看吗？
on the map? *nǐ néng zài dì tú shàng zhǐ gěi wǒ kàn ma*

I'm lost. 我迷路了
wǒ mí lù le

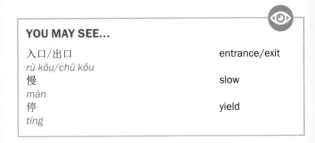

YOU MAY SEE...

入口/出口 *rù kǒu/chū kǒu*	entrance/exit
慢 *màn*	slow
停 *tíng*	yield

PARKING

Can I park here? 我可以停在这里吗？
wǒ kě yǐ tíng zài zhè li ma

Where's the...? ···在哪里？
...zài nǎ li

parking garage 车库
chē kù

parking lot 停车场
[car park] *tíng chē chǎng*

parking meter	停车计时器
	tíng chē jì shí qì
How much…?	多少钱…?
	duō shǎo qián…
per hour	每小时
	měi xiǎo shí
per day	每天
	měi tiān
overnight	通宵
	tōng xiāo

BREAKDOWN & REPAIR

My car broke down/ won't start.	我的汽车坏了/不启动。
	wǒ de qì chē huài le/bú qǐ dòng
I have a puncture/ flat tyre	我的轮胎扎破了/没气了
	wǒ de lún tāi zhā pò le/méi qì le
Can you fix it?	你能修好吗?
	nǐ néng xiū hǎo ma
When will it be ready?	什么时候能修好?
	shén me shí hou néng xiū hǎo
How much?	多少钱?
	duō shǎo qián

ACCIDENTS

There was an accident	出事故了。
	chū shì gù le
Call an ambulance/ the police.	打电话叫一辆救护车/警察。
	dǎ diàn huà jiào yí liàng jiù hù chē/jǐng chá

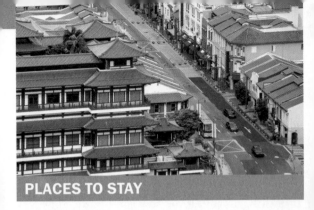

PLACES TO STAY

NEED TO KNOW

Can you recommend a hotel?	你能推荐一家旅馆吗？	
	nǐ néng tuī jiàn yì jiā lǚ guǎn ma	
I have a reservation.	我有预定。	
	wǒ yǒu yù dìng	
My name is…	我的名字是…	
	wǒ de míng zi shì…	
Do you have a room…?	有…的房间吗？	
	yǒu…de fáng jiān ma	
for one/two	一/两人	
	yì/liǎng rén	
with a bathroom	带浴室	
	dài yù shì	
with air conditioning	带空调	
	dài kōng tiáo	
For…	住…	
	zhù…	
tonight	今天晚上	
	jīn tiān wǎn shang	

two nights	两个晚上
	liǎng gè wǎn shang
one week	一个星期
	yí gè xīng qī
How much?	多少钱？
	duō shǎo qián
Is there anything cheaper?	有没有更便宜的？
	yǒu mei yǒu gèng pián yi de
When's check-out?	几点退房？
	jí diǎn tuì fáng
Can I leave this in the safe?	我可以把这个留在保险柜吗？
	wǒ kě yǐ bǎ zhè ge liú zài bǎo xiǎn guì ma
Can I leave my bags?	我可以把包留下吗？
	wǒ kě yǐ bǎ bāo liú xià ma
Can I have my bill/ a receipt?	可以给我账单/收据吗？
	kě yǐ gěi wǒ zhàng dān/shōu jù ma
I'll pay in cash/by credit card.	我用现金/信用卡付款。
	wǒ yòng xiàn jīn/xìn yòng kǎ fù kuǎn

SOMEWHERE TO STAY

Can you recommend...?	你能推荐…吗？
	nǐ néng tuī jiàn…ma
a hotel	一家旅馆
	yì jiā lǚ guǎn
a hostel	一间旅舍
	yì jiān lǚ shè
a campsite	一个露营地
	yí gè lù yíng dì
a bed and breakfast	一家带早餐的旅店
	yì jiā dài zǎo cān de lǚ diàn

What is it near?	它离哪里近？ *tā lí nǎ li jìn*
How do I get there?	我怎么去那里呢？ *wǒ zěn me qù nà li ne*

Hotels, 旅馆 **lǚ guǎn**, in China range from budget
to luxury. Many quality hotels belong to international hotel
chains with service and prices to match. Larger hotels may
feature an English-speaking service attendant who holds
room keys; handles laundry; sells cigarettes, snacks, drinks
and postcards and offers general assistance. Postal, phone
and foreign exchange services are usually located on the
first floor.

In general, hotels are ranked from three to five stars; the
majority of hotels charge a 10–15% service fee. Be sure
to reserve accommodations in advance, especially if you
plan to visit China during the main tourist seasons: May,
September and October.

Worth mentioning are the famous, well-preserved hotels
dating from colonial times: Peace Hotel, Shanghai; Grand
Hotel, Beijing; and People's Hotel, Xi'an. Reservations for
these must be made well in advance.

AT THE HOTEL

I have a reservation.	我有预定。 *wǒ yǒu yù dìng*
My name is…	我的名字是… *wǒ de míng zi shì*
Do you have a room…?	有…的房间吗？ *yǒu…de fáng jiān ma*

with a bathroom [toilet]/shower	带浴室/淋浴 *dài yù shì/lín yù*
with air conditioning	带空调 *dài kōng tiáo*
that's smoking/ non-smoking	那是吸烟/非吸烟房间 *nà shì xī yān/fēi xī yān fáng jiān*
For…	住… *zhù…*
tonight	今晚 *jīn wǎn*
two nights	两个晚上 *liǎng gè wǎn shang*
a week	一个星期 *yí gè xīng qī*
Do you have…?	你有…吗? *nǐ yǒu…ma*
a computer	电脑 *diàn nǎo*
an elevator [a lift]	电梯 *diàn tī*
(wireless) internet service	(无线) 互联网服务 *(wú xiàn) hù lián wǎng fú wù*
room service	客房送餐服务 *kè fáng sòng cān fú wù*
a TV	电视机 *diàn shì jī*
a pool	游泳池 *yóu yǒng chí*
a gym	健身房 *jiàn shēn fáng*
I need…	我需要… *wǒ xū yào…*
an extra bed	加床 *jiā chuáng*

a cot	一张儿童床 *yì zhāng ér tóng chuáng*
a crib	一个摇篮 *yí gè yáo lán*

For Days, see page 26.

YOU MAY HEAR...

请出示您的护照/信用卡。
qǐng chū shì nín de hù zhào/xìn yòng kǎ

填好这份表格。
tián hǎo zhè fèn biǎo gé
在这里签名。
zài zhè li qiān míng

Your passport/
credit card,
please.
Fill out this
form.
Sign here.

PRICE

How much per night/ week?	每晚/星期多少钱？ *měi wǎn/xīng qī duō shǎo qián*
Does that include breakfast/sales tax [VAT]?	包括早餐/销售税吗？ *bāo kuò zǎo cān/xiāo shòu shuì ma*
Are there any discounts?	有折扣吗？ *yǒu zhé kòu ma*

For Numbers, see page 20.

PREFERENCES

Can I see the room?	我能看看房间吗？ *wǒ néng kàn kan fáng jiān ma*

I'd like a…room.	我想要一个…的房间。
	wǒ xiǎng yào yí gè…de fáng jiān
better	更好
	gèng hǎo
bigger	更大
	gèng dà
cheaper	更便宜
	gèng pián yi
quieter	更安静
	gèng ān jìng
I'll take it.	我要这个房间。
	wǒ yào zhè ge fáng jiān
No, I won't take it.	不，我不要这个房间。
	bù wǒ bú yào zhè ge fáng jiān

QUESTIONS

Where's the…?	…在哪里？
	…zài nǎ li
bar	酒吧
	jiǔ bā
bathroom [toilet]	浴室
	yù shì
elevator [lift]	电梯
	diàn tī
Can I have…?	我可以要…吗？
	wǒ kě yǐ yào…ma
a blanket	一条毯子
	yì tiáo tǎn zi
an iron	一个熨斗
	yí gè yùn dǒu
the room key/ key card	房间钥匙/钥匙卡
	fáng jiān yào shi/yào shi kǎ

a pillow	一个枕头
	yí gè zhěn tou
soap	一块肥皂
	yí kuài féi zào
toilet paper	卫生纸
	wèi shēng zhǐ
a towel	一条毛巾
	yì tiáo máo jīn
Do you have an adapter for this?	你有这个的变压器吗？
	nǐ yǒu zhè ge de biàn yā qì ma
How do I turn on the lights?	我怎么开灯？
	wǒ zěn me kāi dēng
Can you wake me at…?	你能在…叫醒我吗？
	nǐ néng zài …jiào xǐng wǒ ma
Can I leave this in the safe?	我可以把这个留在保险柜吗？
	wǒ kě yǐ bǎ zhè ge liú zài bǎo xiǎn guì ma
Can I have my things from the safe?	我可以从保险柜取我的东西吗？
	wǒ kě yǐ cóng bǎo xiǎn guì qǔ wǒ de dōng xi ma
Is there mail [post]/ a message for me?	有没有给我的邮件/留言？
	yǒu mei yǒu gěiwǒ de yóu jiàn/liú yán
What time do you lock up?	几点锁门？
	jǐ diǎn suǒ mén
Do you have a laundry service?	你们提供洗衣服务吗？
	nǐ men tí gōng xǐ yī fú wù ma

For Domestic Items, see page 78.

The voltage used in China is 220. You may need an adapter for any appliances and electronics brought into China.

YOU MAY SEE...

推/拉	push/pull
tuī/lā	
浴室	bathroom
yù shì	[toilet]
淋浴	shower
lín yù	
电梯	elevator [lift]
diàn tī	
楼梯	stairs
lóu tī	
制冰机	ice machines
zhì bīng jī	
自动售货机	vending
zì dòng shòu huò jī	machines
洗衣	laundry
xǐ yī	
请勿打扰	do not disturb
qǐng wù dǎ rǎo	
防火门	fire door
fáng huǒ mén	
(紧急)出口	(emergency)
(jǐn jí) chū kǒu	exit
电话叫醒	wake up call
diàn huà jiào xǐng	

PROBLEMS

There's a problem.	出了个问题。
	chū le gè wèn tí
I lost my key/key card.	我把钥匙/钥匙卡弄丢了。
	wǒ bǎ yào shi/yào shi kǎ nòng diū le

I'm locked out of the room.	我被锁在房间外面了。
	wǒ bèi suǒ zài fáng jiān wài miàn le
There's no hot water/toilet paper.	没有热水/卫生纸。
	méi yǒu rè shuǐ/wèi shēng zhǐ
The room is dirty.	房间很脏。
	fáng jiān hěn zāng
There are bugs in the room.	房间有虫子。
	fáng jiāni yǒu chóng zi
The...doesn't work.	…不工作。
	...bú gōng zuò
Can you fix the...?	你能修修…吗？
	nǐ néng xiū xiu...ma

	air conditioning	空调
		kōng tiáo
	fan	风扇
		fēng shàn
	heat [heating]	暖气
		nuǎn qì
	light	电灯
		diàn dēng
	TV	电视
		diàn shì
	toilet	洗手间
		xǐ shǒu jiān

I'd like another room.	我想换房。
	wǒ xiǎng huàn fáng

CHECKING OUT

When's check out?	几点退房？
	jǐ diǎn tuì fáng
Can I leave my bags here until...?	我可以把包留在这里到…吗？
	wǒ kě yǐ bǎ bāo liú zài zhè li dào...ma

Can I have an itemized bill/ a receipt?	你能给我一张详细账单/收据吗？
	nǐ néng gěi wǒ yì zhāng xiáng xì zhàng dān/shōu jù ma
I think there's a mistake.	我认为出错了。
	wǒ rèn wéi chū cuò le
I'll pay in cash/by credit card.	我用现金/信用卡付款。
	wǒ yòng xiàn jīn/xìn yòng kǎ fù kuǎn

RENTING

I reserved an apartment/a room.	我预订了一套公寓/一间房。
	wǒ yù dìng le yì tào gōng yù/yì jiān fáng
My name is…	我的名字是…
	wǒ de míng zi shì…
Can I have the key/ key card?	能给我钥匙/钥匙卡吗？
	néng gěi wǒ yào shi/yào shi kǎ ma
Are there…?	有没有…？
	yǒu mei yǒu…
dishes	盘子
	pán zi
pillows	枕头
	zhn tou
sheets	床单
	chuáng dān
towels	毛巾
	máo jīn
utensils	餐具
	cān jù
When do I put out the trash [rubbish]/ recycling?	我什么时候倒垃圾/回收品？
	wǒ shén me shí hòu dào lā jī/huí shōu pǐn
The…is broken.	…坏了。
	…huài le

air conditioner	空调	*kōng tiáo*
dishwasher	洗碗机	*xǐ wǎn jī*
freezer	冰柜	*bīng guì*
microwave	微波炉	*wēi bō lú*
refrigerator	冰箱	*bīng xiāng*
stove	炉子	*lú zi*
washing machine	洗衣机	*xǐ yī jī*

DOMESTIC ITEMS

I need…	我需要…	*wǒ xū yào…*
an adapter	个变压器	*yí gè biàn yā qì*
aluminum [kitchen] foil	厨房锡纸	*chú fáng xī zhǐ*
a bottle opener	瓶启子	*píng qǐ zi*
a broom	一把笤帚	*yì bǎ tiáo zhou*
a can opener	开罐器	*kāi guàn qì*
cleaning supplies	清洁用品	*qīng jié yòng pǐn*
a corkscrew	开塞钻	*kāi sāi zuàn*

detergent	洗涤剂 *xǐ dí jì*
dishwashing liquid	洗碗液 *xǐ wǎn yè*
garbage [rubbish] bags	垃圾袋 *lā jī dài*
a lightbulb	一个电灯泡 *yí gè diàn dēng pào*
matches	一些火柴 *yì xiē huǒ chái*
a mop	一把拖把 *yì bǎ tuō bǎ*
napkins	一些餐巾 *yì xiē cān jīn*
paper towels	清洁纸巾 *qīng jié zhǐ jīn*
plastic wrap [cling film]	保鲜膜 *bǎo xiān mó*
a plunger	一个下水道疏通器 *yí gè xià shuǐ dào shū tōng qì*
scissors	一把剪刀 *yì bǎ jiǎn dāo*
a vacuum cleaner	一台吸尘器 *yì tái xī chén qì*

For In the Kitchen, see page 187.

AT THE HOSTEL

Is there a bed available?	有空床吗？ *yǒu kòng chuáng ma*
Can I have...?	可以给我…吗？ *kě yǐ gěi wǒ …ma*
a single/ double room	一个单人/双人间 *yí gè dān rén/shuāng rén jiān*

a blanket	一条毯子
	yì tiáo tǎn zi
a pillow	一个枕头
	yí gè zhěn tou
sheets	床单
	chuáng dān
a towel	一条毛巾
	yì tiáo máo jīn
Do you have lockers?	有衣物柜吗?
	yǒu yī wù guì ma
When do you lock up?	几点锁门?
	jǐ diǎn suǒ mén
Do I need a membership card?	要会员证吗?
	yào huì yuán zhèng ma
Here's my International Student Card.	这是我的国际学生证。
	zhè shì wǒ de guó jì xué shēng zhèng

Hostels in China provide inexpensive accommodation options. Beds in dorm-style rooms are the least costly choice; private rooms — ranging from singles to rooms for six or more — may also be available but will usually be reserved in advance. Be prepared to pay in cash at hostels and other budget accommodations; credit cards are often not accepted, especially at locations in small towns. Hostels in China associated with Hostelling International accept online reservations; these often offer internet service, rent bicycles and more. Visit the Hostelling International website for details.

GOING CAMPING

Can I camp here?	我可以在这里露营吗？
	wǒ kě yǐ zài zhè li lù yíng ma
Where's the campsite?	露营地在哪里？
	lù yíng dì zài nǎ li
What is the charge per day/week?	每天/星期多少钱？
	měi tiān/xīng qī duō shǎo qián
Are there...?	有没有…？
	yǒu mei yǒu…
cooking facilities	烹饪设施
	pēng rèn shè shī
electric outlets	电源
	diàn yuán
laundry facilities	洗衣设施
	xǐ yī shè shī
showers	淋浴
	lín yù
tents for rent [hire]	供出租的帐篷
	gòng chū zū de zhàng peng

For Domestic Items, see page 78.

YOU MAY SEE...

饮用水	drinking water
yǐn yòng shuǐ	
禁止野营	no camping
jìn zhǐ yě yíng	
禁止生火/烧烤	no fires/
jìn zhǐ shēng huǒ/ shāo kǎo	barbecues

Camping is fairly uncommon in China; most campsites are located near a preserve or other nature attraction. Check with your travel agent or the concierge at your hotel for more information.

COMMUNICATIONS

NEED TO KNOW

Where's an internet cafe?	网吧在哪里？ *wǎng bā zài nǎ li*
Can I access the internet/check e-mail?	我能上网/查电子邮件吗？ *wǒ néng shàng wǎng/chá diàn zǐ yóu jiàn ma*
How much per (half) hour?	每(半)个小时多少钱？ *měi (bàn) gè xiǎo shí duō shǎo qián*
How do I connect/log on?	我怎么上网/登录？ *wǒ zěn me shàng wǎng/dēng lù*
A phone card, please.	请给我一张电话卡。 *qǐng gěi wǒ yì zhāng diàn huà kǎ*
Can I have your phone number?	可以给我你的电话号码吗？ *kě yǐ gěi wǒ nǐ de diàn huà hào mǎ ma*
Here's my number/e-mail.	这是我的电话号码/电子邮件地址。 *zhèshì wǒ de diàn huà hào mǎ/diàn zǐ yóu jiàn dì zhǐ*
Call/E-mail me.	给我打电话/发电子邮件。 *gěi wǒ dǎ diàn huà/fā diàn zǐ yóu jiàn*

Hello. This is…	你好，这是…
	nǐ hǎo, zhè shì…
Can I speak to…?	我可以与…讲话吗？
	wǒ kě yǐ yǔ…jiǎng huà ma
Can you repeat that?	你能再说一次吗？
	nǐ néng zài shuō yí cì ma
I'll call back later.	我等一会再打电话。
	wǒ děng yí huì zài dǎ diàn huà
Bye.	再见。
	zài jiàn
Where's the post office?	邮局在哪里？
	yóu jú zài nǎ li
I'd like to send this to…	我想把这个送到…
	wǒ xiǎng bǎ zhè ge sòng dào…

ONLINE

Where's an internet cafe?	网吧在哪里？
	wǎng bā zài nǎ li
Does it have wireless internet?	有无线上网吗？
	yǒu wú xiàn shàng wǎng ma

What is the WiFi password?	WiFi密码是什么？ *WiFi mì mǎ shì shén me*
Is the WiFi free?	WiFi是免费的吗？ *WiFi shì miǎn fèi de ma*
Can I access Skype?	我能上 Skype吗？ *wǒ néng shàng Skype ma*
Do you have bluetooth?	你们有蓝牙吗？ *nǐ men yǒu lán yá ma*
How do I turn the computer on/off?	怎么开/关计算机？ *zěn me kāi/guān jì suàn jī*
Can I...?	我能…吗？ *wǒ néng…ma*
access the internet	上网 *shàng wǎng*
check e-mail	查电子邮件 *chá diàn zǐ yóu jiàn*
print	打印 *dǎ yìn*
use any computer	用计算机 *yòng jì suàn jī*
Can I...?	我能...吗？ *Wǒ néng … ma*
plug in/charge my laptop/iPhone/iPad?	插入/充电手提电脑/iPhone/iPad？ *chā rù/chōng diàn shǒu tí diàn nǎo/iPhone/iPad*
How much per (half) hour?	每(半)个小时多少钱？ *měi (bàn) gè xiǎo shí duō shǎo qián*
How do I...?	怎么…？ *zén me…*
connect/disconnect	连接/断开 *lián jiē/duàn kāi*
log on/log off	登录/退出 *dēng lù/tuì chū*
type this symbol	输入这个符号 *shū rù zhè ge fú hào*

What's your e-mail?	你的电子邮件地址是什么？
	nǐ de diàn zǐ yóu jiàn dì zhǐ shì shén me
My e-mail is…	我的电子邮件是…
	wǒ de diàn zǐ yóu jiàn shì…
Do you have a scanner?	你们有扫描仪吗？
	nǐ men yǒu sǎo miáo yí ma

SOCIAL MEDIA

Are you on Facebook/ Twitter?	您在使用Facebook/Twitter吗？
	nín zài shǐ yòng Facebook/Twitter ma
What's your user name?	您的用户名是什么？
	nín de yòng hù míng shì shén me
I'll add you as a friend.	我会加您为好友。
	wǒ huì jiā nín wéi hǎo yǒu
I'll follow you on Twitter.	我会在Twitter上关注您。
	wǒ huì zài Twitter shàng guān zhù nín
Are you following…?	您有没有关注…?
	nín yǒu mei yǒu guān zhù
I'll put the pictures on Facebook/Twitter.	我会把照片放到Facebook/Twitter上。
	wǒ huì bǎ zhào piàn fàng dào Facebook/ Twitter shàng
I'll tag you in the pictures.	我会在照片里圈您。
	wǒ huì zài zhào piàn lǐ quān nín

Internet access centers and cafes can be found in major cities in China. Many hotels offer computer and internet facilities in their business centers as well as wireless internet access in private rooms, usually for a fee.

YOU MAY SEE...

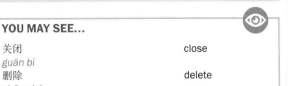

关闭	close
guān bì	
删除	delete
shān chú	
电子邮件	e-mail
diàn zǐ yóu jiàn	
退出	exit
tuì chū	
帮助	help
bāng zhù	
即时讯息	instant messenger
jí shí xùn xī	
互联网	internet
hù lián wǎng	
登录	login
dēng lù	
新 (信息)	new (message)
xīn (xìn xī)	
开/关	on/off
kāi/guān	
打开	open
dǎ kāi	
打印	print
dǎ yìn	
保存	save
bǎo cún	
送	send
sòng	
用户名/密码	username/
yòng hù míng/mì mǎ	password
无线上网	wireless
wú xiàn shàng wǎng	internet

PHONE

A phone card/ prepaid phone, please.	请给我一张电话卡/预付电话卡。 *qǐng gěi wǒ yì zhāng diàn huà kǎ/yù fù diàn huà kǎ*
An international phonecard for...	给…打电话的国际电话卡 *gěi...dǎ diàn huà de guó jì diàn huà kǎ*
Australia	澳洲 *ào zhōu*
Canada	加拿大 *jiā ná dà*
Ireland	爱尔兰 *ài ěr lán*
the U.K.	英国 *yīng guó*
the U.S.	美国 *měi guó*
How much?	多少钱? *duō shǎo qián*
Can I recharge/buy minutes for this phone?	我能给这个电话再加钱/购买更多的分钟吗? *wǒ néng gěi zhè ge diàn huà zài jiā qián/ gòu mǎi gèng duō de fēn zhōng ma*
My phone doesn't work here.	我的电话在这里不能用。 *wǒ de diàn huà zài zhè li bù néng yòng*
What network are you on?	您使用什么网络? *nín shǐ yòng shén me wǎng luò*
Is it 3G?	是3G吗? *shì 3G ma*
I have run out of credit/minutes.	我的通话余额/通话时间快用完了。 *wǒ de tōng huà yú é/tōng huà shí jiān kuài yòng wán le*
Can I buy some credit?	我可以充值吗? *wǒ kě yǐ chōng zhí ma*

Do you have a phone charger?	你们有手机充电器吗？
	nǐ men yǒu shǒu jī chōng diàn qì ma
A prepaid phone, please.	请给我一部预付费电话。
	qǐng gěi wǒ yī bù yù yù fèi diàn huà
Where's the pay phone?	公用电话在哪里
	gōng yòng diàn huà zài nǎ li
What's the area/country code for…?	区号/国家代码是什么？
	qū hào/guó jiā dài mǎ shì shén me
What's the number for Information?	问讯台号码是多少？
	wèn xùn tái hào mǎ shì duō shǎo
I'd like the number for…	我想要…的号码
	wǒ xiǎng yào…de hào mǎ
I'd like to call collect [reverse the charges].	我想打对方付费电话。
	wǒ xiǎng dǎ duì fāng fù fèi diàn huà

Public phones can be found in most cities in China but rarely in remote areas. These phones are usually coin operated; some may be designed for use with phone cards, which can be purchased from grocery stores or newsstands. For a better rate, make your international call from calling centers or stalls, available in larger cities. Avoid making international calls from hotels, where high surcharges are added.

Local calls in China are often free of charge.

For national calls, dial 0 + area code + the phone number.

For calls to the U.S. or Canada, dial 00 + 1 + area code + phone number.

For calls to the U.K., dial 00 + 44 + area code + phone number.

Can I have your number?	你可以给我你的号码吗？
	nǐ kě yǐ gěi wǒ nǐ de hào mǎ ma
Here's my number.	这是我的号码。
	zhè shì wǒ de hào mǎ
Please call/text me.	请给我打电话/发短信。
	qǐng gěi wǒ dǎ diàn huà/fā duǎn xìn
I'll call/text you.	我会给你打电话/发短信。
	wǒ huì gěi nǐ dǎ diàn huà/fā duǎn xìn

For Numbers, see page 20.

YOU MAY HEAR...

您是哪位？	Who's calling?
nín shì nǎ wèi	
请稍等。	Hold on.
qǐng shāo děng	
我给您接通。	I'll put you through.
wǒ gěi nín jiē tōng	
他 m/她 f 不在这儿/正在接 另一个电话	He/She is not here/on another line.
tā/tā bù zài zhè er/zhèng zài jiē ling yí gè diàn huà	
你要不要留言？	Would you like to leave a message?
nǐ yào bù yào liú yán	
以后/十分钟以后再打。	Call back later/in 10 minutes.
yǐ hòu/shí fēn zhōng yǐ hòu zài dǎ	
他 m/她 f 可以给你打电话吗？	Can he/she call you back?
tā/tā kě yǐ gěi nǐ dǎ diàn huà ma	
您的号码是什么？	What's your number?
nín de hào mǎ shì shén me	

TELEPHONE ETIQUETTE

Hello. This is…	你好。这是…
	nǐ hǎo zhè shì…
Can I speak to…?	我可以和…讲话吗？
	wǒ kě yǐ hé…jiǎng huà ma
Extension…	请转…
	qǐng zhuǎn…
Speak louder/more slowly, please.	请大声/慢慢讲
	qǐng dà shēng/màn man jiǎng
Can you repeat that?	你能重复吗？
	nǐ néng zài shuō yí cì ma
I'll call back later.	我等一会儿再打电话。
	wǒ děng yí huì r zài dǎ diàn huà
Bye.	再见。
	zài jiàn

FAX

Can I send/receive a fax here?	这里能发/接传真吗？
	zhè lǐ néng fā/jiē chuán zhēn ma
What's the fax number?	传真号是多少？
	chuán zhēn hào shì duō shǎo
Please fax this to…	请把这个传真给…
	qǐng bǎ zhè ge chuán zhēn gěi…

POST

Where's the post office/mailbox [postbox]?	邮局/邮箱在哪里？
	yóu jú/yóu xiāng zài nǎ li
A stamp for this postcard/letter to…	把这张明信片/封信寄到…的邮票
	bǎ zhè zhāng míng xìn piàn/fēng xìn jì dào…de yóu piào

How much?	多少钱？
	duō shǎo qián
Send this package by airmail/express mail.	…寄这个包裹用航空/用快件
	…jì zhè ge bāo guǒ yòng háng kōng/yòng kuài jiàn
A receipt, please.	请给我收据。
	qǐng gěi wǒ shōu jù

YOU MAY HEAR...

填好海关申报表。	Fill out the customs declaration form.
tián hǎo hǎi guān shēn bào biǎo	
价值是多少？	What's the value?
jià zhí shì duō shǎo	
里面装的是什么？	What's inside?
lǐ miàn zhuāng de shì shén me	

Post offices can be found throughout China. They normally provide express, registered, overnight and general mail service. Additionally, Chinese post offices feature banking services: withdrawals, money transfers and ATMs. They may also take payment on behalf of utility companies. Online postal services are available; you can mail your packages, track their status, wire money, order merchandise, pay your utility bills and subscribe to newspapers and journals. Most online postal sites are in Chinese only.

SIGHTSEEING

NEED TO KNOW

Where's the tourist information office?	旅游信息办公室在哪里？ *lǚ yóu xìn xī bàn gōng shì zài nǎ li*
What are the main attractions?	主要景点是什么？ *zhǔ yào jǐng diǎn shì shén me*
Are there tours in English?	有英语导游吗？ *yǒu yīng yǔ dǎo yóu ma*
Can I have a map/guide?	我可以要一张地图/指南吗？ *wǒ kě yǐ yào yì zhāng dì tú/zhǐ nán ma*

TOURIST INFORMATION

Do you have information on…?	你了解…的信息吗？ *nǐ liǎo jiě…de xìn xī ma*
Can you recommend…?	你能推荐…吗？ *nǐ néng tuī jiàn…ma*
a bus tour	公共汽车旅游 *gōng gòng qì chē lǚ yóu*

an excursion to…	去…的旅游
	qù…de lǚ yóu
a sightseeing tour	观光旅游
	guān guāng lǚ yóu

Visit a travel agency while in China for tourist information. Agencies that often cater to foreigners include China Travel Services (CTS) and China International Travel Service (CITS) — see page 49; the latter has branches throughout China. Such agencies offer a variety of services: arranging tours; reserving hotels and places to stay; providing tickets for trains, operas, acrobatic performances, concerts and more.

Small scale tour operators can also be of assistance; be sure that the tour operator is licensed before requesting any service.

ON TOUR

I'd like to go on the tour to…	我想去…旅游。
	wǒ xiǎng qù… lǚ yóu
When's the next tour?	下次旅游是什么时候？
	xià cì lǚ yóu shì shén me shí hòu
Are there tours in English?	有英语导游吗？
	yǒu yīng yǔ dǎo yóu ma
Is there an English guide book/audio guide?	有英语的旅游手册/录音旅游指南吗？
	yǒu yīng yǔ de lǚ yóu shǒu cè/lù yīn lǚ yóu zhǐ nán ma
What time do we leave/return?	我们什么时候出发/回来？
	wǒ men shén me shí hòu chū fā/huí lái

We'd like to see... 我们想看看…
wǒ men xiǎng kàn kan...

Can we stop here...? 我们可以停在这里…吗?
wǒ men kě yǐ tíng zài zhè li…ma

to take photos 照相
zhào xiàng

for souvenirs 买纪念品
mǎi jì niàn pǐn

for the restrooms 去洗手间
[toilets] *qù xǐ shǒu jiān*

Is it handicapped 残疾人可以使用吗?
[disabled] *cán jí rén kě yǐ shǐ*
accessible? *yòng ma*

For Tickets, see page 45.

SEEING THE SIGHTS

Where is/are the...? …在哪里?
…zài nǎ li

battleground 战场
zhàn chǎng

botanical garden 植物园
zhí wù yuán

city hall 市政大厅
shì zhèng dà tīng

downtown area 市中心
shì zhōng xīn

fountain 喷泉
pēn quán

Great Hall of the 人民大会堂
People *rén mín dà huì táng*

library 图书馆
tú shū guǎn

market	商场 *shāng chǎng*
(war) memorial	（战争）纪念馆 *(zhàn zhēng) jì niàn guǎn*
museum	博物馆 *bó wù guǎn*
old town	古镇 *gǔ zhèn*
opera house	歌剧院 *gē jù yuàn*
palace	宫殿 *gōng diàn*
park	公园 *gōng yuán*
ruins	遗迹 *yí jì*
shopping area	购物区 *gòu wù qū*
Can you show me on the map?	你能在地图上指给我看吗？ *nǐ néng zài dì tú shàng zhǐ gěi wǒ kàn ma*
Is it disabled accessible?	残疾人可以使用吗？ *cán jí rén kě yǐ shǐ yòng ma*
It's…	那很… *nà hěn…*
amazing	了不起 *liǎo bu qǐ*
beautiful	漂亮 *piào liang*
boring	没意思 *méi yì si*
interesting	有意思 *yǒu yì si*
magnificent	壮观 *zhuàng guān*

romantic	浪漫
	làng màn
strange	奇怪
	qí guài
stunning	让人震惊
	ràng rén zhèn jīng
terrible	可怕
	kě pà
ugly	难看
	nán kàn
I (don't) like it.	我（不）喜欢。
	wǒ (bù) xǐ huan

For Asking Directions, see page 65.

Sights in China not to be missed include: the Great
Wall, Imperial Palace, Summer Palace, Temple of Heaven,
Ming tombs, Xi'an terracotta warriors and much more.
Temples, gardens and other sights can be found in even
the smallest towns. For local sights, check with your hotel
concierge or a nearby travel agency. Sights are often listed
on town maps, which can be purchased at newsstands and
from street vendors.

There is much to see in China and, after a day filled with
sightseeing, you may wish to enjoy quality entertainment:
concerts, acrobatics, Chinese ballet and opera. Of these, a
not to be missed event is the Beijing opera, a spectacular
combination of song, dance, pantomime and martial arts.

RELIGIOUS SITES

Where's the…?	…在哪里？ *…zài nǎ li*
Catholic/ Protestant church	天主教/新教徒教堂 *tiān zhǔ jiào/xīn jiào tú jiào táng*
mosque	清真寺 *qīng zhēn sì*
shrine	神殿 *shén diàn*
synagogue	犹太教堂 *yóu tài jiào táng*
temple	寺庙 *sì miào*
What time is mass/ the service?	弥撒/礼拜是什么时候？ *mí sa/lǐ bài shì shén me shí hòu*

The People's Republic of China officially subscribes
to atheism but, since China's reform, open religious
activity has been permitted. Buddhism is the most widely
practiced religion in China; Taoism, Islam and Christianity are
also observed.

LEISURE TIME

SHOPPING

NEED TO KNOW

Where's the market/ mall [shopping centre]?	市场/购物中心在哪里?
	shì chǎng/gòu wù zhōng xīn zài nǎ li
I'm just looking.	我只是看看。
	wǒ zhǐ shì kàn kan
Can you help me?	你能帮我吗?
	nǐ néng bāng wǒ ma
I'm being helped.	有人帮我了。
	yǒu rén bāng wǒ le
How much?	多少钱?
	duō shǎo qián
That one, please.	请给我那个。
	qǐng gěi wǒ nèi ge
That's all.	就这些。
	jiù zhè xiē
Where can I pay?	我在哪里付款?
	wǒ zài nǎ li fù kuǎn
I'll pay in cash/by credit card.	我用现金/信用卡付款。
	wǒ yòng xiàn jīn/xìn yòng kǎ fù kuǎn
A receipt, please.	请给我收据。
	qǐng gěi wǒ shōu jù

AT THE SHOPS

Where's the...?	…在哪里?
	...zài nǎ li
antiques store	古董店
	gǔ dǒng diàn

bakery	面包店
	miàn bāo diàn
bank	银行
	yín háng
bookstore	书店
	shū diàn
camera store	照相机商店
	zhào xiàng jī shāng diàn
clothing store	服装店
	fú zhuāng diàn
delicatessen	熟食店
	shú shí diàn
department store	百货商店
	bǎi huò shāng diàn
gift shop	礼品店
	lǐ pǐn diàn
health food store	健康食品店
	jiàn kāng shí pǐn diàn
jeweler	珠宝店
	zhū bǎo diàn
liquor store	酒店
[off licence]	*jiǔ diàn*
food market	食品市场
	shí pǐn shì chǎng

music store	音乐商店
	yīn yuè shāng diàn
pastry shop	面包点心店
	miàn bāo diǎn xīn diàn
pharmacy	药房
[chemist]	*yào fáng*
produce [grocery] store	食品店
	shí pǐn diàn
shoe store	鞋店
	xié diàn
shopping mall	购物中心
[shopping centre]	*gòu wù zhōng xīn*
souvenir store	纪念品商店
	jì niàn pǐn shāng diàn
supermarket	超级市场
	chāo jí shì chǎng
toy store	玩具商店
	wán jù shāng diàn

Friendship stores, 友谊商店 **yǒu yì shāng diàn**, originally set up to provide foreigners with luxury items, can still be found throughout China. They often sell quality goods produced for export and offer a nice selection of souvenirs. Some Friendship stores can send purchases abroad.

ASK AN ASSISTANT

When do you open/ close?	几点开门/关门?
	jǐ diǎn kāi mén/guān mén
Where's the...?	…在哪里?
	...zài nǎ li

YOU MAY HEAR...

您需要帮忙吗？
nín xú yào bāng mángma

Can I help you?

请稍等。
qǐng shāo děng

One moment.

您要什么？
nín yào shén me

What would
you like?

还要别的吗？
hái yào bié de ma

Anything else?

cashier	收款处	
	shōu kuǎn chù	
escalator	自动扶梯	
	zì dòng fú tī	
elevator [lift]	电梯	
	diàn tī	
fitting room	试衣间	
	shì yī jiān	
store directory	商店目录	
	shāng diàn mù lù	
Can you help me?	你能帮我吗？	
	nǐ néng bāng wǒ ma	
I'm just looking.	我只是看看。	
	wǒ zhǐ shì kàn kan	
I'm being helped.	已经有人帮我了。	
	yǐ jīng yǒu rén bāng wǒ le	
Do you have...?	你有…吗？	
	nǐ yǒu...ma	
Can you show me...?	你能让我看看… 吗？	
	nǐ néng ràng wǒ kàn kan... ma	
Can you ship/wrap it?	你能把它托运/打包吗？	
	nǐ néng bǎ tā tuō yùn/dǎ bāo ma	

How much?	多少钱？
	duō shǎo qián
That's all.	就这些。
	jiù zhè xiē

For Clothes & Accessories, see page 113.

YOU MAY SEE...

开门	
kāi mén	open
关门	
guān mén	closed
午休关门	
wǔ xiu guān mén	closed for lunch
试衣间	fitting room
shì yī jiān	
付款处	cashier
fù kuǎn chù	
只收现金	cash only
zhī shōu xiàn jīn	
接受信用卡	credit cards
jiē shòu xìn yòng kǎ	accepted
营业时间	business hours
yíng yè shí jiān	
出口	exit
chū kǒu	

PERSONAL PREFERENCES

I'd like something...	我想要…
	wǒ xiǎng yào…
cheap/expensive	便宜/贵一点的
	pián yi/ guì yì diǎn de
larger/smaller	大/小一点的
	dà/xiǎo yì diǎn de
nicer	好一点的
	hǎo yì diǎn de
from this region	当地生产的
	dāng dì shēng chǎn de
Around...yuan.	…元左右的。
	…yuán zuǒ yòu de
Is it real?	这是真的吗？
	zhè shì zhēn de ma
Can you show me this/that?	你能让我看看这个/那个吗？
	nǐ néng ràng wǒ kàn kan zhèi ge/nèi ge ma
That's not quite what I want.	那个不是我要的。
	nà ge bù shì wǒ yào de
No, I don't like it.	不，我不喜欢这个。
	bù wǒ bú xǐ huan zhè ge
It's too expensive.	太贵了。
	tài guì le

I have to think about it.	我要想想。
	wǒ yào xiǎng xiǎng
I'll take it.	我要了。
	wǒ yào le

PAYING & BARGAINING

How much?	多少钱？
	duō shǎo qián
I'll pay…	我要用…付款
	wǒ yào yòng…fù kuǎn
in cash	现金
	xiàn jīn
by credit card	信用卡
	xìn yòng kǎ
by traveler's check [cheque]	旅行支票
	lǚ xíng zhī piào
Can I use this…card?	我m可以用…卡吗？
	wǒ kě yǐ yòng… kǎ ma
ATM	自动取款机
	zì dòng qǔ kuǎn jī
credit	信用
	xìn yòng
debit	借记
	jiè jì
gift	礼品
	lǐ pín
That's too much.	太贵了。
	tài guì le
I'll give you…	我给你…
	wǒ gěi nǐ…
I have only…Ren Min Bi.	我只有…元人民币。
	wǒ zhǐ yǒu … yuán rén mín bì
Is that your best price?	是最低价吗？
	shì zuì dī jià ma

Can you give me a discount?	能打折吗？
	néng dǎ zhé ma
How do I use this machine?	这机器怎么用？
	zhè jī qì zěn me yòng
A receipt, please.	请给我收据。
	qǐng gěi wǒ shōu jù

For Numbers, see page 20.

In China, the most commonly accepted form of payment is cash. Major credit cards may be accepted at larger stores in city centers.

YOU MAY HEAR...

你怎么付款？
nǐ zěn me fù kuǎn
你的信用卡被拒绝了。
nǐ de xìn yòng kǎ bèi jù jué le

请出示你的身份证。
qǐng chū shì nǐ de shēn fèn zhèng
我们不接受信用卡。

wǒ men bù jiē shòu xìn yòng kǎ
请付现金。
qǐng fù xiàn jīn
你有零钱/小面值纸币吗？
nǐ yǒu líng qián/xiǎo miàn zhí zhǐ bì ma

How are you paying?
Your credit card has been declined.
ID, please.

We don't accept credit cards.
Cash only, please.
Do you have change/small bills [notes]?

MAKING A COMPLAINT

I'd like…	我想…
	wǒ xiǎng…
to exchange this	换一个
	huàn yí gè
a refund	退款
	tuì kuǎn
to see the manager	见经理
	jiàn jīng lǐ

SERVICES

Can you recommend…?	你能推荐…吗?
	nǐ néng tuī jiàn…ma
a barber	一位理发师
	yí wèi lǐ fà shī
a dry cleaner	一家干洗店
	yì jiā gān xǐ diàn
a hairstylist	一位发型师
	yí wèi fà xíng shī
a laundromat [launderette]	一家洗衣房
	yì jiā xǐ yī fáng
a nail salon	一家美甲沙龙
	yì jiā měi jiǎ shā lóng
a spa	一家温泉
	yì jiā wēn quán
a travel agency	一家旅行社
	yì jiā lǚ xíng shè
Can you…this?	你能…这个吗?
	nǐ néng…zhè ge ma
alter	改
	gǎi

clean	洗 *xǐ*
fix [mend]	修 *xiū*
press	熨 *yùn*
When will it be ready?	什么时候做完? *shén me shí hòu zuò wán*

HAIR & BEAUTY

I'd like…	我想… *wǒ xiǎng…*
an appointment for today/ tomorrow	约一个今天/明天的时间 *yuē yí gè jīn tiān/míng tiān de shí jiān*
some color/ highlights	染发/挑染 *rǎn fà/tiǎo rǎn*
my hair styled/ blow dried	做/吹头发 *zuò/chuī tóu fà*
a haircut	理发 *lǐ fà*
a trim	剪发 *jiǎn fà*
Not too short.	不要太短。 *bú yào tài duǎn*
Shorter here.	这里再短一点。 *zhè lǐ zài duǎn yì diǎn*
I'd like…	我想… *wǒ xiǎng…*
a facial	做面部美容 *zuò miàn bù měi róng*
a manicure/ pedicure	修手指甲/脚趾甲 *xiū shǒu zhǐ jia/jiǎo zhǐ jia*

a (sports) massage	要（体育）按摩
	yào (tǐ yù) àn mó
Do you have/do...?	你提供/做…吗？
	nǐ tí gōng/zuò…ma
acupuncture	针灸
	zhēn jiǔ
aromatherapy	芳香疗法
	fāng xiāng liáo fǎ
oxygen treatment	氧气治疗
	yǎng qì zhì liáo
a sauna	桑拿
	sāng ná

A number of luxury hotels in China offer facial and body treatments and massage. Some even have unique amenities for spa guests, such as tea centers, taichi (太极 **tài jí**) and yoga lessons. Check with your hotel concierge or a travel agency for a list of spas, their services and prices.

ANTIQUES

How old is it?	有多长历史了？
	yǒu duō cháng lì shǐ le
Do you have anything	你有…时期的东西吗？
from the…period?	*nǐ yǒu…shí qī de dōng xi ma*
Do I have to fill out	我要填表格吗？
any forms?	*wǒ yào tián biǎo gé ma*
Is there a certificate	有真品证明吗？
of authenticity?	*yǒu zhēn pǐn zhèng míng ma*

CLOTHING

I'd like…	我想要…
	wǒ xiǎng yào…
Can I try this on?	我能试穿吗？
	wǒ néng shì chuān ma
It doesn't fit.	不合适。
	bù hé shì
It's too…	太…
	tài…
big/small	大/小
	dà/xiǎo

YOU MAY HEAR…

那件衣服很适合你。	That looks
nà jiàn yī fu hěn shì hé nǐ	great on you.
适合我吗？	
shì hé wǒ ma	How does it fit?
我们没有你的尺寸	We don't have
wǒ men méi yǒu nǐ de chǐ cùn	your size.

short/long	短/长 *duǎn/cháng*
tight/loose	紧/宽 *jǐn/kuān*
Do you have this in size…?	这款衣服有…号的吗？ *zhè kuǎn yī fu yǒu… hào de ma*
Do you have this in a bigger/smaller size?	这件衣服有大/小一点的吗？ *zhè jiàn yī fu yǒu dà/xiǎo yì diǎn de ma*

For Numbers, see page 20.

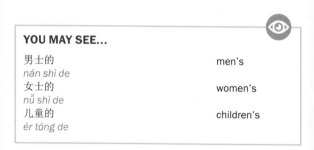

Western and traditional Chinese clothing is sold at Friendship stores, street markets and local department stores, usually at very reasonable prices. Designer clothing is available at high end boutiques which can be found in larger cities. China is known for its silk production, and silk clothing and fabric (by the yard) can be purchased in many stores.

YOU MAY SEE…

男士的 *nán shì de*	men's
女士的 *nǚ shì de*	women's
儿童的 *ér tóng de*	children's

COLORS

I'd like something…	我想要…
	wǒ xiǎng yào…
beige	米黄
	mǐ huáng
black	黑色
	hēi sè
blue	蓝色
	lán sè
brown	褐色
	hè sè
green	绿色
	lǜ sè
gray	灰色
	huī sè
orange	橙色
	chéng sè
pink	粉红色
	fěn hóng sè
purple	紫色
	zǐ sè
red	红色
	hóng sè
white	白色
	bái sè
yellow	黄色
	huáng sè

CLOTHES & ACCESSORIES

backpack	背包
	bēi bāo

belt	皮带
	pí dài
bikini	比基尼
	bǐ jī ní
blouse	女衬衫
	nǚ chèn shān
bra	胸罩
	xiōng zhào
briefs [underpants]	内裤
	nèi kù
panties	内衣物
	nèi yī wù
coat	外套
	wài tào
dress	连衣裙
	lián yī qún
hat	帽子
	mào zi
jacket	夹克
	jiá kè
jeans	牛仔裤
	niú zǎi kù
pajamas	睡衣
	shuì yī
pants [trousers]	长裤
	cháng kù
pantyhose [tights]	裤袜
	kù wà
purse [handbag]	女式手提包
	nǚ shì shǒu tí bāo
raincoat	雨衣
	yǔ yī
scarf	围巾
	wéi jīn

shirt	衬衫 *chèn shān*
shorts	短裤 *duǎn kù*
skirt	裙子 *qún zi*
socks	袜子 *wà zi*
suit	套服 *tào fú*
sunglasses	太阳镜 *tài yáng jìng*
sweater	毛衣 *máo yī*
sweatshirt	棉毛衫 *mián máoshān*
swimsuit	游泳衣 *yóu yǒng yī*
T-shirt	T恤衫 *tī xù shān*
tie	领带 *lǐng dài*
underwear	内衣 *nèi yī*

FABRIC

I'd like...	我想要… 的 *wǒ xiǎng yào...de*
cotton	棉布 *mián bù*
denim	粗棉布 *cū mián bù*
lace	花边 *huā biān*

leather	皮革	*pí gé*
linen	亚麻布	*yà má bù*
silk	丝绸	*sī chóu*
wool	羊毛	*yáng máo*
Is it machine washable?	可以机洗吗？	*kě yǐ jī xǐ ma*

SHOES

I'd like…	我想要…	*wǒ xiǎng yào…*
high heels/flats	高跟鞋/平跟鞋	*gāo gēn xié/píng gēn xié*
boots	靴子	*xuē zi*
loafers	平底便鞋	*píng dǐ biàn xié*
sandals	凉鞋	*liáng xié*
shoes	鞋子	*xié zi*
slippers	拖鞋	*tuō xié*
sneakers	运动鞋	*yùn dòng xié*
In size…	…号	*…hào*

For Numbers, see page 20.

SIZES

chest measurement	胸围	*xiōng wéi*
waist measurement	腰围	*yāo wéi*
height	身长	*shēn cháng*
petite	小码	*xiǎo mǎ*
extra small (XS)	特小号	*tè xiǎo hào*
small (S)	小号	*xiǎo hào*
medium (M)	中号	*zhōng hào*
large (L)	大号	*dà hào*
extra large (XL)	特大号	*tè dà hào*
plus size	加大号	*jiā dà hào*

In Friendship stores and places where clothes are made for export, sizes will be given as small, medium and large. Most other clothing stores feature Chinese measurements that combine height and chest size; these measurements appear in centimeters. For example, if you are 170 cm tall (5'6") with a chest measurement of 90 cm (36"), look for clothing marked 170/90. Children's sizes are given by height, in centimeters.

NEWSAGENT & TOBACCONIST

Do you sell English language newspapers?	你卖英文报纸吗？ *nǐ mài yīng wén bào zhǐ ma*
I'd like…	我想买… *wǒ xiǎng mǎi…*
a cigar	雪茄 *xuě jiā*
a pack/carton of cigarettes	一包/一条香烟 *yì bāo/yì tiáo xiāng yān*
I'd like…	我想买… *wǒ xiǎng mǎi…*
a lighter	一个打火机 *yí gè dǎ huǒ jī*
a magazine	一本杂志 *yì běn zá zhì*
matches	火柴 *huǒ chái*
a newspaper	一份报纸 *yí fèn bào zhǐ*
a phone card	一张电话卡 *yì zhāng diàn huà kǎ*
a postcard	一张明信片 *yì zhāng míng xìn piàn*
a road/town map of…	一张…道路/市区地图 *yì zhāng…dào lù/shì qū dì tú*
stamps	邮票 *yóu piào*

China Daily is China's official English language newspaper, available in most major cities. In Shanghai, you will also find the Shanghai Star. In larger cities, English language and international magazines and newspapers are available, mainly at hotels and major newsstands. You may also find an English language channel or two on your hotel TV.

PHOTOGRAPHY

I'd like a/an… camera.	我想买一个…照相机。 *wǒ xiǎng mǎi yí gè…zhào xiàng jī*
automatic	自动 *zì dòng*
digital	数码 *shù mǎ*
disposable	一次性 *yí cì xìng*
I'd like…	我想… *wǒ xiǎng…*
a battery	买一节电池 *mǎi yì jié diàn chí*
digital prints	打印数码照片 *dǎ yìn shù mǎ zhào piàn*
a memory card	买存储卡 *mǎi cún chǔ kǎ*
Can I print digital photos here?	我可以在这里打印数码照片吗? *wǒ kě yǐ zài zhè li dǎ yìn shù mǎ zhào piàn ma*

SOUVENIRS

book	书 *shū*
box of chocolates	巧克力 *qiǎo kè lì*
calligraphy supplies	书法用品 *shū fǎ yòng pǐn*
Chinese painting	中国画 *zhōng guó huà*
chopsticks	筷子 *kuài zi*
cloisonné (artwork)	景泰蓝 *jǐng tài lán*
doll	玩具娃娃 *wán jù wá wá*
jade	翡翠 *fěi cuì*
key ring	钥匙圈 *yào shi quān*
lacquerware	漆器 *qī qì*
porcelain	瓷器 *cí qì*
postcard	明信片 *míng xìn piàn*
pottery	陶器 *táo qì*
silk	丝绸 *sī chóu*
T shirt	T恤衫 *tī xù shān*
toy	玩具 *wán jù*

ⓘ

Typical Chinese souvenirs include silk fabric and clothing, jade and porcelain. Calligraphy supplies, kites, paper cuts and chopsticks are also popular mementos. Souvenirs can be found in malls, department stores and local street markets.

If you're antiquing, note that items dated earlier than 1795 may not be legally exported; any antique leaving China must be affixed with a small red seal, provided by the Cultural Relics Bureau.

Can I see this/that?	我能看看这个/那个吗？
	wǒ néng kàn kan
	zhèi ge/nèi ge ma
It's in the window/	在橱窗/陈列橱里。
display case.	*zài chú chuāng/chén liè chú lǐ*
I'd like…	我想要…
	wǒ xiǎng yào…
a battery	一节电池
	yì jié diàn chí
a bracelet	一付手镯
	yí fù shǒu zhuó
a brooch	一个别针
	yì ge bié zhēn
a clock	一个钟
	yí ge zhōng
earrings	一对耳环
	yí duì ěr huán
a necklace	一条项链
	yì tiáo xiàng liàn
a ring	一个戒指
	yí ge jiè zhi

Both fine and fashion jewelry can be found throughout China. Most popular items include jade and pearls. Jade is traditionally worn for good luck, as a protection against illness and as an amulet for travelers. Pearls are also part of Chinese tradition; they have been worn by emperors and other nobility. You will also find jewelry made of lacquer and cloisonné, which is a traditional Chinese art. To avoid purchasing imitations, buy from established jewelry shops.

a watch	一块手表	*yí kuài shǒu biǎo*
I'd like…	我想要…的…	*wǒ xiǎng yào…de*
copper	铜	*tóng*
crystal	水晶	*shuǐ jīng*
diamonds	钻石	*zuàn shí*
white/yellow gold	白/黄金	*bái/huáng jīn*
pearls	珍珠	*zhēn zhū*
platinum	铂金	*bó jīn*
sterling silver	纯银	*chún yín*
Is this real?	这是真的吗？	*zhè shì zhēn de ma*
Can you engrave it?	你能在上面刻字吗？	*nǐ néng zài shàng miàn kè zì ma*

SPORT & LEISURE

NEED TO KNOW

When's the game?	什么时候比赛？
	shén me shí hòu bǐ sài
Where's the…?	…在哪里？
	…zài nǎ li
beach	海滩
	hǎi tān
park	公园
	gōng yuán
pool	游泳池
	yóu yǒng chí
Is it safe to swim here?	在这里游泳安全吗？
	zài zhè lǐ yóu yǒng ān quán ma
Can I rent [hire] golf clubs?	可以租球棒吗？
	kě yǐ zū qiú bàng ma
How much per hour?	每小时多少钱？
	měi xiǎo shí duō shǎo qián
How far is it to…?	去…有多远？
	qù…yǒu duō yuǎn
Show me on the map, please.	请在地图上指给我看。
	qǐng zài dì tú shàng zhǐ gěi wǒ kàn

WATCHING SPORT

When's the… game/match?	…比赛是什么时候？
	…bǐ sài shì shén me shí hòu

baseball	棒球
	bàng qiú
basketball	篮球
	lán qiú
golf	高尔夫球
	gāo ěr fū qiú
badminton	羽毛球
	yǔ máo qiú
ping pong	乒乓球
	pīng pāng qiú
martial arts	武术
	wǔ shù
soccer [football]	足球
	zú qiú
tennis	网球
	wǎng qiú
volleyball	排球
	pái qiú
wrestling	摔跤
	shuāi jiāo

Early risers will no doubt encounter people practicing taichi (太极 **tài jí**), a combination of martial arts and relaxation movements, in parks throughout China. Some also practice qigong (气功 **qì gōng**), breathing and movement exercises. If you are interested in joining, the crowd would welcome you!

Other sports enjoyed in China include badminton and ping pong. Volleyball courts and swimming pools can be found throughout China. If you're looking for brain exercise instead of a body stretch, try mahjong (麻将 **má jiàng**), a popular Chinese strategy game. Chinese chess and cards are common as well.

Who's playing?	谁在打球？
	shéi zài dǎ qiú
Where's the racetrack/stadium?	跑马场/体育场在哪里？
	pǎo mǎ chǎng/tǐ yù chǎng zài nǎ li
Where can I place a bet?	我可以在哪里下注？
	wǒ kě yǐ zài nǎ li xià Zhù

For Numbers, see page 20.

PLAYING SPORT

Where is/are…?	…在哪里？
	…zài nǎ li
the golf course	高尔夫球场
	gāo ěr fū qiú chǎng
the gym	健身房
	jiàn shēn fáng
the park	公园
	gōng yuán
the tennis courts	网球场
	wǎng qiú chǎng
How much per…?	每…多少钱？
	měi…duō shǎo qián

day	天
	tiān
hour	小时
	xiǎo shí
game	场比赛
	chǎng bǐ sài
round	轮比赛
	lún bǐ sài
Can I rent [hire]...?	我可以租… 吗？
	wǒ kě yǐ zū...ma
clubs	球棒
	qiú bàng
equipment	设备
	shè bèi
a racket	一副球拍
	yí fù qiú pāi

AT THE BEACH/POOL

Where's the beach/pool?	海滩/游泳池在哪里？
	hǎi tān/yóu yǒng chí zài nǎ li
Is there a...?	有没有…？
	yǒu mei yǒu...
kiddie pool	儿童游泳池
	ér tong yóu yǒng chí
indoor/outdoor pool	室内/室外游泳池
	shì nèi/shì wài yóu yǒng chí
lifeguard	救生员
	jiù shēng yuán
Is it safe...?	…安全吗？
	...ān quán ma
to swim	游泳
	yóu yǒng

Public beaches can be found along China's east coast.
The most popular beaches are often very crowded, so arrive
early for a good spot. Beach wear is fairly conservative along
China's coast; bathing suits and longer swim shorts are more
appropriate than bikinis and short trunks.

to dive	潜水	
	qián shuǐ	
for children	儿童用	
	ér tóng yòng	
I'd like to rent [hire]…	我想租…	
	wǒ xiǎng zū…	
a deck chair	一张折叠躺椅	
	yì zhāng zhé dié tǎng yǐ	
diving equipment	一套潜水用具	
	yí tào qián shuǐ yòng jù	
a jet ski	一套喷气式滑水板	
	yí tào pēn qì shì huá shuǐ bǎn	
a motorboat	一艘汽艇	
	yì sōu qì tǐng	
a rowboat	一艘划艇	
	yì sōu huá tǐng	
snorkeling equipment	潜水设备	
	qián shuǐ shè bè	
a surfboard	一块冲浪板	
	yí kuài chōng làng bǎn	
a towel	一条毛巾	
	yì tiáo máo jīn	
an umbrella	一把伞	
	yì bǎ sǎn	
water skis	滑水橇	
	huá shuǐ qiāo	

a windsurfer	一只帆船
	yì zhī fān chuán
For...hours.	共···小时
	gòng...xiǎo shí

WINTER SPORTS

A lift pass for a day/five days, please.	请给我一天/五天的缆车票。
	qǐng gěi wǒ yì tiān/wǔ tiān de lǎn chē piào
I'd like to rent [hire]...	我想租···
	wǒ xiǎng zū...
boots	一双靴子
	yì shuāng xuē zi
a helmet	一个头盔
	yí ge tóu kuī
poles	一对滑雪杖
	yí duì huá xuě zhàng
skis	一对滑雪板
	yí duì huá xuě bǎn
a snowboard	一个滑雪单板
	yí ge huá xuě dān bǎn
snowshoes	一双滑雪靴
	yì shuāng huá xuě xuē
These are too big/small.	太大/小。
	tài dà/xiǎo
Are there lessons?	可以上课吗？
	kě yǐ shàng kè ma
I'm a beginner.	我是新手。
	wǒ shì xīn shǒu
I'm experienced.	我比较有经验。
	wǒ bǐ jiào yǒu jīng yàn
A trail [piste] map, please.	请给我滑雪路线图。
	qǐng gěi wǒ huá xuě lù xiàn tú

YOU MAY SEE...

阻力缆车	drag lift
zǔ lì lǎn chē	
缆车	cable car
lǎn chē	
升降椅	chair lift
shēng jiàng yǐ	
新手	novice
xīn shǒu	
有一点经验	intermediate
yǒu yì diǎn jīng yàn	
老手	expert
lǎo shǒu	
滑雪路线关闭了	trail [piste]
huá xuě lù xiàn guān bì le	closed

Beijing's lakes freeze during the winter and people often go ice skating. Downhill and cross country skiing is popular in northeast China, as are snowboarding and other outdoor winter sports.

OUT IN THE COUNTRY

A map of…, please.	请给我一份…地图。
	qǐng gěi wǒ yí fèn…dì tú
this region	这个地区的
	zhè ge dì qū de
the walking routes	步行路线
	bù xíng lù xiàn

the bike routes	自行车路线
	zì xíng chē lù xiàn
the trails	小道
	xiǎo dào
Is it…?	这个…吗？
	zhè ge …ma
easy	容易
	róng yì
difficult	难
	nán
far	远
	yuǎn
steep	陡峭
	dǒu qiào
How far is it to…?	离…有多远？
	lí…yǒu duō yuǎn
Show me on the map, please.	请在地图上指给我看。
	qǐng zài dì tú shàng zhǐ gěi wǒ kàn
I'm lost.	我迷路了。
	wǒ mí lù le
Where's the…?	…在哪里？
	…zài nǎ li
bridge	桥
	qiáo

cave	洞	*dòng*
cliff	峭壁	*qiào bì*
desert	沙漠	*shā mò*
farm	农场	*nóng chǎng*
field	农田	*nóng tián*
forest	森林	*sēn lín*
hill	小山	*xiǎo shān*
lake	湖	*hú*
mountain	山	*shān*
nature preserve	自然保护区	*zì rán bǎo hù qū*
overlook [viewpoint]	俯视观景点	*fǔ shì guān jǐng diǎn*
park	公园	*gōng yuán*
path	道路	*dào lù*
peak	山顶	*shān dǐng*
picnic area	野餐区	*yě cān qū*
pond	池塘	*chí táng*
river	河流	*hé liú*

sea	大海 *dà hǎi*
(thermal) spring	（热）温泉 *(rè) wēn quán*
stream	小河 *xiǎo hé*
valley	山谷 *shān gǔ*
vineyard	葡萄园 *pú táo yuán*
waterfall	瀑布 *pù bù*

TRAVELING WITH CHILDREN

NEED TO KNOW

Is there a discount for kids?	有儿童折扣吗？ *yǒu ér tóng zhé kòu ma*
Can you recommend a babysitter?	你能推荐一位保姆吗？ *nǐ néng tuī jiàn yí wèi bǎo mǔ ma*
Do you have a child's seat/highchair?	你有儿童座椅/高脚椅吗？ *nǐ yǒu ér tóng zuò yǐ/gāo jiǎo yǐ ma*
Where can I change the baby?	我可以在哪里给孩子换尿布？ *wǒ kě yǐ zài nǎ li gěi hái zi huàn niào bù*

OUT & ABOUT

Can you recommend something for kids?	你能推荐孩子玩的活动吗？ *nǐ néng tuī jiàn hái zi wán de huó dòng ma*
Where's the...?	…在哪里？ *...zài nǎ li*

amusement park	游乐园
	yóu lè yuán
arcade	拱廊儿童游戏场
	gǒng láng ér tong yóu xì chǎng
kiddie [paddling] pool	儿童游泳池
	ér tóng yóu yǒng chí
park	公园
	gōng yuán
playground	操场
	cāo chǎng
zoo	动物园
	dòng wù yuán
Are kids allowed?	孩子可以进去吗？
	hái zi kě yǐ jìn qù ma
Is it safe for kids?	孩子玩安全吗？
	hái zi wán ān quán ma
Is it suitable for... year olds?	那适合…岁的孩子吗？
	nà shì hé…suì de hái zi ma

For Numbers, see page 20.

BABY ESSENTIALS

Do you have…?	你有…吗？
	nǐ yǒu…ma
a baby bottle	奶瓶
	nǎi píng
baby food	婴儿食品
	yīng ér shí pǐn
baby wipes	婴儿纸巾
	yīng ér zhǐ jīn
a car seat	汽车安全座椅
	qì chē ān quán zuò yǐ
a children's menu/	儿童菜单/份额
portion	*ér tóng cài dān/fèn é*
a child's seat/	儿童座椅/高脚椅
highchair	*ér tóng zuò yǐ/gāo jiǎo yǐ*
a crib/cot	摇篮/轻便小床
	yáo lán/qīng biàn xiǎo chuáng
diapers [nappies]	尿不湿
	niào bù shī
formula	婴儿奶粉
[baby food]	*yīng ér nǎi fěn*
a pacifier [soother]	奶嘴
	nǎizuǐ

a playpen	游戏围栏 *yóu xì wéi lán*
a stroller [pushchair]	婴儿车 *yīng ér chē*
Can I breastfeed the baby here?	我可以在这里喂孩子吃母奶吗？ *wǒ kě yǐ zài zhè li wèi hái zi chī mǔ nǎi ma*
Where can I breastfeed/change the baby?	我可以在哪里喂孩子吃母奶/给孩子换尿布？ *wǒ kě yǐ zài nǎ li wèi hái zi chī mǔ nǎi/gěi hái zi huàn niào bù*

For Dining with Children, see page 166.

BABYSITTING

Can you recommend a babysitter?	你能推荐一位保姆吗？ *nǐ néng tuī jiàn yí wèi bǎo mǔ ma*
What do you/they charge?	你们/他们收费是多少？ *nǐ men/tā men shōu fèi shì duō shǎo*
I'll be back by…	我在…之前回来。 *wǒ zài…zhī qián huí lái*
I can be reached at…	打…可以找到我。 *dǎ…kě yǐ zhǎo dào wǒ*

For Time, see page 25.

SAFE TRAVEL

EMERGENCIES

NEED TO KNOW

Help!	救命！ *jiù mìng*
Go away!	走开！ *zǒu kāi*
Stop, thief!	站住，抓贼！ *zhàn zhù zhuā zéi*
Get a doctor!	找位医生！ *zhǎo wèi yī shēng*
Fire!	着火啦！ *zháo huǒ lā*
I'm lost.	我迷路了。 *wǒ mí lù le*
Can you help me?	你可以帮我吗？ *nǐ kě yǐ bāng wǒ ma*

YOU MAY HEAR...

填好这份表格。
tián hǎo zhè fèn biǎo gé
请出示你的身份证。
qǐng chū shì nǐ de shēn fèn zhèng

是什么时候/在哪里发生的？
shì shén me shí hou/zài nǎ li fā shēng de
他 m/她 f 长得什么样？
tā/tā zhǎng de shén me yàng

Fill out this form.
Your identification, please.

When/Where did it happen?
What does he/she look like?

POLICE

The emergency numbers in China are as follows:
110, police; **120**, ambulance; **119**, fire emergency. For the telephone directory, dial **114**. Numbers for local emergency services should be available at your hotel or the tourist information office.

NEED TO KNOW

Call the police!	给警察打电话！ *gěi jǐng chá dǎ diàn huà*
Where's the police station?	警察局在哪里？ *jǐng chá jú zài nǎ li*
There was an accident/an attack.	出事故/有人受攻击了。 *chū shì gù/yǒu rén shòu gōng jī le*
My child is missing.	我的孩子不见了。 *wǒ de hái zi bù jiàn le*
I need…	我需要… *wǒ xū yào…*
an interpreter	一个翻译 *yí gè fān yì*
to contact my lawyer	和我的律师联系 *hé wǒ de lǜ shī lián xì*
to make a phone call	打电话 *dǎ diàn huà*
I'm innocent.	我是无辜的。 *wǒ shì wú gū de*

CRIME & LOST PROPERTY

I want to report...	我想报告一次…事件。
	wǒ xiǎng bào gào yí cì...shì jiàn
a mugging	抢劫
	qiǎng jié
a rape	强奸
	qiáng jiān
a theft	偷窃
	tōu qiè
I was mugged/ robbed.	我被抢/遭抢劫了。
	wǒ bèi qiǎng/zāo qiǎng jié le
I lost my...	我的…丢了。
	wǒ de...diū le
My...was stolen.	我的…被偷了。
	wǒ...de bèi tōu le
backpack	背包
	bēi bāo
bicycle	自行车
	zì xíng chē
camera	照相机
	zhào xiàng jī
(rental [hire]) car	（租的）汽车
	(zū de) qì chē

computer	计算机
	jì suàn jī
credit card	信用卡
	xìn yòng kǎ
jewelry	首饰
	shǒu shì
money	钱
	qián
passport	护照
	hù zhào
purse [handbag]	提包
	tí bāo
traveler's checks	旅行支票
[cheques]	*lǚ xíng zhī piào*
wallet	钱包
	qián bāo
I need a police report.	我要报警。
	wǒ yào bào jǐng
Where is the British/ American/Irish embassy?	英国/美国/爱尔兰大使馆在哪里?
	yīng guó/měi guó/ài ěr lán dà shǐ guǎn zài nǎ li
I need an interpreter.	我需要一位口译员。
	wǒ xū yào yī wèi kǒu yì yuán

HEALTH

NEED TO KNOW

I'm sick.	我病了。
	wǒ bìng le
I need an English speaking doctor.	我需要说英语的医生。
	wǒ xū yào shuō yīng yǔ de yī shēng
It hurts here.	这里疼。
	zhè lǐ téng
I have a stomachache.	我肚子疼。
	wǒ dù zi téng

FINDING A DOCTOR

Can you recommend a doctor/dentist?	你能推荐一位医生/牙医吗？
	nǐ néng tuī jiàn yí wèi yī shēng/yá yī ma
Can the doctor come here?	医生能来这里吗？
	yī shēng néng lái zhè li ma
I need an English speaking doctor.	我需要说英语的医生。
	wǒ xū yào shuō yīng yǔ de yī shēng

What are the office hours?	办公时间是什么时候? *bàn gōng shí jiān shì shén me shí hou*
I'd like an appointment for...	我想要···预约。 *wǒ xiǎng yào...yù yuē*
today	今天 *jīn tiān*
tomorrow	明天 *míng tiān*
as soon as possible	尽快 *jǐn kuài*
It's urgent.	很急。 *hěn jí*

SYMPTOMS

I'm...	我··· *wǒ...*
bleeding	在流血 *zài liú xuè*
constipated	便秘 *biàn bì*
dizzy	头晕 *tóu yūn*
nauseous	恶心 *ě xīn*
vomiting	呕吐 *ǒu tù*
It hurts here.	这里疼。 *zhè li téng*
I have...	我··· *wǒ...*
an allergic reaction	有过敏反应 *yǒu guò mǐn fǎn yìng*

chest pain	胸口痛	*xiōng kǒu tòng*
cramps	有痉挛	*yǒu jìng luán*
diarrhea	腹泻	*fù xiè*
an earache	耳朵疼	*ěr duo téng*
a fever	发烧	*fā shāo*
pain	身上疼	*shēn shàng téng*
a rash	出疹子了	*chū zhěn zi le*
a sprain	有扭伤	*yǒu niǔ shāng*
some swelling	有浮肿	*yǒu fú zhǒng*
a sore throat	喉咙痛	*hóu lóng tòng*
a stomachache	肚子疼	*dù zi téng*
sunstroke	中暑	*zhòng shǔ*
I've been sick for...days.	我已经病了…天了。	*wǒ yǐ jīng bìng le… tiān le*

For Numbers, see page 20.

CONDITIONS

I'm anemic.	我贫血。	*wǒ pín xuě*

I'm allergic to antibiotics/penicillin.	我对抗生素/青霉素过敏。 *wǒ duì kàng shēng sù/qīng méi sù guò mǐn*
I have…	我有… *wǒ yǒu…*
arthritis	关节炎 *guān jié yán*
asthma	气喘病 *qì chuǎn bìng*
diabetes	糖尿病 *táng niào bìng*
epilepsy	癫痫患者 *diān xián huàn zhě*
a heart condition	心脏病 *xīn zàng bìng*
high/low blood pressure	高/低血压 *gāo/dī xuè yā*
I'm on…	我在吃… *wǒ zài chī…*

For Meals & Cooking, see page 167.

TREATMENT

Do I need a prescription/ medicine?	我需要处方/吃药吗? *wǒ xū yào chǔ fāng/ chī yào ma*
Can you prescribe a generic drug [unbranded medication]?	你能开常用药吗? *nǐ néng kāi cháng yòng yào ma*
Where can I get it?	我在哪里可以买到? *wǒ zài nǎ li kě yǐ mǎi dào*
Is this over the counter?	这是无处方药吗? *zhè shì wú chǔ fāng yào ma*

For Pharmacy, see page 149.

YOU MAY HEAR...

怎么了？ *zěn me le*	What's wrong?
哪里疼？ *nǎ li téng*	Where does it hurt?
这里疼吗？ *zhè li téng ma*	Does it hurt here?
你在吃药吗？ *nǐ zài chī yào ma*	Are you on medication?
你对什么过敏吗？ *nǐ duì shén me guò mǐn ma*	Are you allergic to anything?
把嘴张开。 *bǎ zuǐ zhāng kāi*	Open your mouth.
深呼吸。 *shēn hū xī*	Breathe deeply.
请咳嗽。 *qǐng ké sou*	Cough please.
去看专家。 *qù kàn zhuān jiā*	See a specialist.
去医院。 *qù yī yuàn*	Go to the hospital.
它… *tā…*	It's…
骨折了 *gǔ zhé le*	broken
会传染 *huì chuán rǎn*	contagious
被感染了 *bèi gǎn rǎn le*	infected
被扭伤了 *bèi niǔ shāng le*	sprained
不要紧 *bú yào jǐn*	nothing serious

HOSPITAL

Notify my family, please.	请通知我家人。
	qǐng tōng zhī wǒ jiā rén
I'm in pain.	我很疼。
	wǒ hěn téng
I need a doctor/ nurse.	我需要医生/护士。
	wǒ xū yào yī shēng/hù shi
When are visiting hours?	探病时间是什么时候?
	tàn bìng shí jiān shì shén me shí hou
I'm visiting…	我来看望…
	wǒ lái kàn wàng…

DENTIST

I have…	我…
	wǒ…
a broken tooth	有一颗断牙
	yǒu yì kē duàn yá
lost a filling	的补牙填料掉了
	de bǔ yá tián liào diào le
a toothache	牙疼
	yá téng
Can you fix this denture?	你能修这个假牙吗?
	nǐ néng xiū zhè ge jiǎ yá ma

GYNECOLOGIST

I have cramps/ a vaginal infection.	我有经期腹痛/阴道感染。
	wǒ yǒu jīng qī fù tòng/yīn dào gǎn rǎn
I missed my period.	我月经没来。
	wǒ yuè jīng méi lái
I'm on the Pill.	我在吃避孕药。
	wǒ zài chī bì yùn yào

I'm (…months) pregnant.	我怀孕（…月）了。
	wǒ huái yùn (…yuè) le
I'm not pregnant.	我没怀孕。
	wǒ méi huái yùn
My last period was…	我上次月经是…
	wǒ shàng cì yuè jīng shì…

OPTICIAN

I lost…	我丢了…
	wǒ diū le…
a contact lens	隐形眼镜
	yǐn xíng yǎn jìng
my glasses	我的眼镜
	wǒ de yǎn jìng
a lens	一个镜片
	yí gè jìng piàn

PAYMENT & INSURANCE

How much?	多少钱？
	duō shǎo qián
Can I pay by credit card?	我可以用信用卡付款吗？
	wǒ kě yǐ yòng xìn yòng kǎ fù kuǎn ma
I have insurance.	我有保险。
	wǒ yǒu bǎo xiǎn
I need a receipt for my insurance.	我需要一張給保险的收据。
	wǒ xū yào yì zhāng gěi bǎo xiǎn de shōu jù

PHARMACY

NEED TO KNOW

Where's the pharmacy [chemist]?	药房在哪里？ *yào fáng zài nǎ li*
What time does it open/close?	它什么时候开门/关门？ *tā shén me shí hou kāi mén/guān mén*
What would you recommend for...?	你…推荐什么呢？ *nǐ…tuī jiàn shén me ne*
How much do I take?	我要吃多少呢？ *wǒ yào chī duō shǎo ne*
Can you fill [make up] this prescription?	你能提供这种处方药吗？ *nǐ néng tí gōng zhè zhǒng chǔ fāng yào ma*
I'm allergic to...	我对…过敏？ *wǒ duì…guò mǐn*

You will find 24 hour pharmacies in larger cities.
Standard pharmacy hours are 9:00 a.m. to 9:00 p.m.
In the event of an emergency, visit the nearest hospital emergency center.
China is well known for its traditional pharmacies, 中药 **zhōng yào**, which provide many natural remedies: dried and preserved plants, seeds, animal parts and minerals. You may also find acupuncture needles and other holistic healing tools at these locations.

WHAT TO TAKE

How much do I take?	我吃多少呢？	
	wǒ chī duō shǎo ne	
How often?	多长时间吃一次？	
	duō cháng shí jiān chī yí cì	
Is it safe for children?	对孩子安全吗？	
	duì hái zi ān quán ma	
I'm taking…	我在吃…	
	wǒ zài chī…	
Are there side effects?	有副作用吗？	
	yǒu fù zuò yòng ma	
I need something for…	我需要治…的药。	
	wǒ xū yào zhì…de yào	
a cold	感冒	
	gǎn mào	
a cough	咳嗽	
	ké sou	
diarrhea	腹泻	
	fù xiè	
a hangover	宿醉	
	sù zuì	
a headache	头疼	
	tóu téng	

insect bites	虫咬
	chóng yǎo
motion [travel] sickness	晕动病
	yùn dòng bìng
a sore throat	喉咙痛
	hóu lóng tòng
sunburn	晒伤
	shài shāng
a toothache	牙疼
	yá téng
an upset stomach	肠胃不适
	cháng wèi bú shì

For Health, see page 142.

BASIC SUPPLIES

I'd like...	我要…
	wǒ yào…
acetaminophen [paracetamol]	泰诺
	tài nuò
aftershave	须后水
	xū hòu shuǐ
aspirin	阿斯匹林
	ā sī pǐ lín
bandages	绷带
	bēng dài
a comb	一把梳子
	yì bǎ shū zi
condoms	避孕套
	bì yùn tào
contact lens solution	隐形眼镜清洗液
	yǐn xíng yǎn jìng qīng xǐ yè
deodorant	止汗露
	zhǐ hàn lù

a hairbrush	一把梳子 *yì bǎ shū zi*
hairspray	喷发剂 *pēn fà jì*
ibuprofen	布洛芬 *bù luò fēn*
insect repellent	杀虫剂 *shā chóng jì*
lotion	乳液 *rǔ yè*
a nail file	指甲锉刀 *zhǐ jiǎ cuò dāo*

YOU MAY SEE...

一天一次/三次 *yì tiān yí cì/sān cì*	once/three times a day
片剂 *piàn jì*	tablet
滴剂 *dī jì*	drop
用茶匙吃 *yòng chá chí chí*	teaspoon
饭后/饭前/吃饭时服用 *fàn hòu/ fàn qián/chī fàn shí fú yòng*	after/before/ with meals
空腹服用 *kōng fù fú yòng*	on an empty stomach
整个咽下 *zhěng gè yàn xià*	swallow whole
可能使人困倦 *kě néng shǐ rén kùn juàn*	may cause drowsiness
只能外用 *zhǐ néng wài yòng*	for external use only

a (disposable) razor	（一次性）剃须刀
	(yí cì xìng) tì xū dāo
razor blades	刀片
	dāo piàn
sanitary napkins [pads]	卫生巾
	wèi shēng jīn
shampoo/ conditioner	香波/护发素
	xiāng bō/hù fā sù
soap	肥皂
	féi zào
sunscreen	防晒霜
	fáng shài shuāng
tampons	月经栓
	yuè jīng shuān
tissues	面巾纸
	miàn jīn zhǐ
toilet paper	卫生纸
	wèi shēng zhǐ
toothpaste	牙膏
	yá gāo

For Baby Essentials, see page 136.

CHILD HEALTH & EMERGENCY

Can you recommend a pediatrician?	你能推荐一位儿科医生吗？
	nǐ néng tuī jiàn yí wèi ér kē yī shēng ma
My child is allergic to…	我的孩子对…过敏。
	wǒ de hái zi duì… guò mǐn
My child is missing.	我的孩子不见了。
	wǒ de hái zi bù jiàn le
Have you seen a boy/girl?	你看到一个男孩/女孩吗？
	nǐ kàn dào yí ge nán hái/nǚ hái ma

For Police, see page 139.

DISABLED TRAVELERS

NEED TO KNOW

Is there...?	有…吗？
	yǒu...ma
access for the disabled	残疾人通道
	cán jí rén tōng dào
a wheelchair ramp	轮椅坡道
	lún yǐ pō dào
a disabled accessible toilet	一间残疾人可用的洗手间
	yì jiān cán jí rén kě yòng de xǐ shǒu jiān
I need...	我需要…
	wǒ xū yào...
assistance	帮助
	bāng zhù
an elevator [a lift]	电梯
	diàn tī
a ground floor room	一个一楼的房间
	yí gè yī lóu de fáng jiān

ASKING FOR ASSISTANCE

I'm...	我…
	wǒ…
disabled	是残疾人
	shì cán jí rén
visually impaired	视力不好
	shì lì bù hǎo
hearing impaired/deaf	听力不好/耳聋
	tīng lì bù hǎo/ěr lóng
unable to walk far/ use the stairs	不能走远路/走台阶
	bù néng zǒu yuǎn lù/zǒu tái jiē
Please speak louder.	请大声讲话。
	qǐng dà shēng jiǎng huà
Can I bring my wheelchair?	我可以带轮椅吗？
	wǒ kě yǐ dài lún yǐ ma
Are guide dogs permitted?	允许导盲犬吗？
	yǔn xǔ dǎo máng quǎn ma
Can you help me?	你可以帮我吗？
	nǐ kě yǐ bāng wǒ ma
Please open/hold the door.	请打开/拉着门。
	qǐng dǎ kāi/lā zhe mén

FOOD

EATING OUT

NEED TO KNOW

Can you recommend a good restaurant/ bar?	你能推荐一家好餐馆/酒吧吗？ *nǐ néng tuī jiàn yì jiā hǎo cān guǎn/ jiǔ bā ma*
Is there a traditional Chinese/inexpensive restaurant nearby?	附近有没有传统的中国/不贵的餐馆？ *fù jìn yǒu mei yǒu chuán tǒng de zhōng guó/bú gui de cān guǎn*
A table for…, please.	请给我…人的桌子。 *qǐng gěi wǒ…rén de zhuō zǐ*
Can we sit…?	我们可以坐在… 吗？ *wǒ men kě yǐ zuò zài…ma*
here/there	这里/那里 *zhè li/nà li*
outside	外面 *wài miàn*
in a non-smoking area	禁烟区 *jìn yān qū*
I'm waiting for someone.	我在等人。 *wǒ zài děng rén*

Where's the restroom [toilet]?	洗手间在哪里？ *xǐ shǒu jiān zài nǎ li*
A menu, please.	请给我一份菜单。 *qǐng gěi wǒ yí fèn cài dān*
What do you recommend?	你推荐什么菜呢？ *nǐ tuī jiàn shén me cài ne*
I'd like…	我想要… *wǒ xiǎng yào…*
Some more…, please.	请再给我一些… *qǐng zài gěi wǒ yì xiē…*
Enjoy your meal!	请享用！ *qǐng xiǎng yòng*
The check [bill], please.	请给我账单。 *qǐng gěi wǒ zhàng dān*
Is service included?	包括服务费吗？ *bāo kuò fú wù fèi ma*
Can I pay by credit card/have a receipt?	我可以用信用卡付账/要收据吗？ *wǒ kě yǐ yòng xìn yòng kǎ fù zhàng/yào shōu jù ma*
Thank you!	谢谢！ *xiè xie*

WHERE TO EAT

Can you recommend…?	你能推荐…吗？ *nǐ néng tuī jiàn…ma*
a restaurant	一家餐馆 *yì jiā cān guǎn*
a bar	一间酒吧 *yì jiān jiǔ bā*
a cafe	一间咖啡馆 *yì jiān kā fēi guǎn*

a fast food place	一间快餐店
	yì jiān kuài cān diàn
a snack bar	一间小吃店
	yì jiān xiǎo chī diàn
a teahouse	一间茶馆
	yì jiān chá guan
a cheap restaurant	便宜的餐馆
	pián yi de cān guǎn
an expensive restaurant	贵的餐馆
	guì de cān guǎn
a restaurant with a good view	带景观的餐馆
	dài jǐng guān de cān guǎn
an authentic/a non-touristy restaurant	地道的/非旅游式餐馆
	dì dào de/fēi lǚ yóu shì cān guǎn

Authentic Chinese food should be one of the highlights of your trip. By Chinese tradition, food should be filling and have a healing effect; a Chinese meal is based on balance. In addition to Chinese eateries, Korean and Japanese restaurants are popular, as are international fast food restaurants.

Chinese cuisine varies greatly from region to region. The main styles are:

Beijing (Northern) cuisine

Wheat, not rice, is the staple in northern China, so Beijing cuisine is comprised mainly of noodles, steamed bread and dumplings. Beijing is the place to order Peking duck: roasted, crispy skinned duck wrapped in wafer thin pancake with spring onions and sweet bean sauce.

Cantonese (Southern) cuisine

The majority of Chinese restaurants outside of China feature Cantonese style cooking, so you will likely be familiar with the dishes and flavors. Steaming and stir-frying are the signatures of Cantonese cooking; these methods preserve the food's natural colors, flavors and vitamins. Rice, steamed or stir-fried, is the traditional accompaniment to a Cantonese-style meal.

Hunan (Central) cuisine

Chili pepper is a popular spice here, as in the neighboring Sichuan region, home of Szechuan cuisine. Hunan cuisine is known for its rich sweet and sour sauces. Smoked and cured food is also popular.

Shanghai (Eastern) cuisine

Seafood and vegetable dishes abound here, since this cuisine is based around the coastal areas of Shanghai. Be sure to sample the steamed freshwater crab, honey fried eel, yellowfish and sautéed shrimp.

Szechuan (Western) cuisine

This province is well known for its hot, peppery dishes. Food is not just spicy; Szechuan cooking combines a number of flavors: bitter, sweet, tart and sour.

RESERVATIONS & PREFERENCES

I'd like to reserve a table…	我想预订一张…的桌子
	wǒ xiǎng yù dìng yì zhāng…de zhuō zi
for 2	两个人
	liǎng ge rén
for this evening	今晚
	jīn wǎn

for tomorrow at…	明天…
	míng tiān…
A table for 2, please.	请给我一张两个人的桌子。
	qǐng gěi wǒ yì zhāng liǎng ge rén de zhuō zǐ
Can I get a table in the shade/sun?	能给我一张阴凉处/太阳下的餐桌吗？
	néng gěi wǒ yī zhāng yīn liáng chù/tài yang xià de cān zhuō ma
We have a reservation.	我们有预订。
	wǒ men yǒu yù dìng
My name is…	我的名字是…
	wǒ de míng zì shì…
Can we sit…?	我们可以坐在…吗？
	wǒ men kě yǐ zuò zài…ma
here/there	这里/那里
	zhè li/nà li
outside	外面
	wài miàn
in the shade	阴凉处
	yīn liáng chù
in the sun	太阳下
	tài yáng xià
in a non-smoking area	禁烟区
	jìn yān qū
by the window	靠窗口
	kào chuāng kǒu
Where's the restroom [toilet]?	洗手间在哪里？
	xǐ shǒu jiān zài nǎ li

YOU MAY HEAR...

你有预订吗？ *nín yǒu yù dìng ma*	Do you have a reservation?
几位？ *jǐ wèi*	How many?
吸烟区还是禁烟区？ *xī yān qū hái shi jìn yān qū*	Smoking or non-smoking?
你可以点菜了吗？ *nín kě yǐ diǎn cài le ma*	Are you ready to order?
你想吃什么呢？ *nín xiǎng chī shén me ne*	What would you like?
我推荐… *wǒ tuī jiàn…*	I recommend…
请享用。 *qǐng xiǎng yòng*	Enjoy your meal.

HOW TO ORDER

Waiter/Waitress!	服务员/服务员小姐！ *fú wù yuán/fú wù yuán xiǎo jiě*
We're ready to order.	我们可以点菜了。 *wǒ men kě yǐ diǎn cài le*
The wine list, please.	请给我酒水单。 *qǐng gěi wǒ jiǔ shuǐ dān*
I'd like…	我想要… *wǒ xiǎng yào…*
a bottle of…	一瓶… *yì píng…*
a carafe of…	一小桶… *yì xiǎo tǒng…*
a glass of…	一杯… *yì bēi…*

The menu, please.	请给我菜单。
	qǐng gěi wǒ cài dān
Do you have…?	你们是否有…?
	nǐmen shì fǒu yǒu…
a menu in English	英语菜单
	yīng yǔ cài dān
a fixed price menu	固定价格菜单
	gù dìng jià gé cài dān
a children's menu	儿童菜单
	ér tóng cài dān
What do you recommend?	你推荐什么?
	nǐ tuī jiàn shén me
What's this?	这是什么?
	zhè shì shén me
What's in it?	里面是什么?
	lǐ miàn shì shén me
Is it spicy?	辣吗?
	là ma
Without…, please.	请不要放…
	qǐng bú yào fàng…
I'd like…	我想要…
	wǒ xiǎng yào…
More…, please.	请给我再来点…
	qǐng gěi wǒ zài lái diǎn…
With/Without…, please.	请加/别加…
	qǐng jiā/bié jiā…
I can't have…	我不能吃…
	wǒ bù néng chī…
It's to go [take away].	我要拿走。
	wǒ yào ná zǒu

For Drinks, see page 189.

YOU MAY SEE...

附加费 *fù jiā fèi*	cover charge
固定价格 *gù dìng jià gé*	fixed price
菜单 *cài dān*	menu
当日菜单 *dāng rì cài dān*	menu of the day
（没有）包括服务费 *(méi yǒu) bāo kuò fú wù fèi*	service (not) included
配菜 *pèi cài*	side dishes
特色菜 *tè sè cài*	specials

COOKING METHODS

baked	烤	*kǎo*
boiled	煮	*zhǔ*
braised	焖	*mèn*
breaded	裹面粉	*guǒ miàn fěn*
creamed	提取乳脂	*tí qǔ rǔ zhī*
diced	切成小方块	*qiē chéng xiǎo fāng kuài*
fileted	去骨切片	*qù gǔ qiē piàn*
fried	油煎	*yóu jiān*
grilled	烤	*kǎo*
poached	水煮	*shuǐ zhǔ*
roasted	烤	*kǎo*
sautéed	炒	*chǎo*
smoked	熏	*xūn*
steamed	蒸	*zhēng*
stewed	炖	*dùn*
stuffed	有馅	*yǒu xiàn*

DIETARY REQUIREMENTS

I'm...	我是…
	wǒ shì …
diabetic	糖尿病患者
	táng niào bìng huàn zhě
lactose intolerant	乳糖过敏者
	rǔ táng guò mǐn zhě
vegan	纯素主义者
	chún sù zhǔ yì zhě
vegetarian	我吃素
	wǒ chī sù
I'm allergic to...	我对…过敏
	wǒ duì…guò mǐn
I can't eat...	我不能吃…
	wǒ bù néng chī…
dairy	乳制品
	rǔ zhì pǐn
gluten	面筋
	miàn jīn
nuts	坚果
	jiān guǒ
pork	猪肉
	zhū ròu
shellfish	贝类
	bèi lèi
spicy foods	辣的
	là de
wheat	面食
	miàn shí
Is it halal/kosher?	是清真食品/犹太食品吗？
	shì qīng zhēn shí pǐn/yóu tài shí pǐn ma
Do you have...?	您有... 吗？
	nín yǒu … ma

skimmed milk	脱脂奶 *tuō zhī nǎi*
whole milk	全脂奶 *quán zhī nǎi*
soya milk	豆奶 *dòu nǎi*

DINING WITH CHILDREN

Do you have children's portions?	你们有儿童餐吗？ *nǐ men yǒu ér tóng cān ma*
A highchair/child's seat, please.	请给我一把高脚椅/儿童座椅。 *qǐng gěi wǒ yì bǎ gāo jiǎo yǐ/ér tong zuò yǐ*
Where can I feed/change the baby?	我可以在哪里喂婴儿/给婴儿换尿布？ *wǒ kě yǐ zài nǎ li kě yǐ wèi yīng ér/gěi yīng ér huàn niào bù*
Can you warm this?	你能把它加热吗？ *nǐ néng bǎ tā jiā rè ma*

For Traveling with Children, see page 134.

HOW TO COMPLAIN

How much longer will our food be?	还需要多长时间给我们上菜？ *hái xū yào duō cháng shí jiān gěi wǒ men shàng cài*
We can't wait any longer.	我们不能再等了。 *wǒ men bù néng zài děng le*
We're leaving.	我们要走了。 *wǒ men yào zǒu le*
I didn't order this.	我没要这份菜。 *wǒ méi yào zhè fèn cài*
I ordered…	我要了… *wǒ yào le…*

I can't eat this.	这个不能吃。
	zhè ge bù néng chī
This is too…	这个太…
	zhè ge tài…
cold/hot	冷/热
	lěng/rè
salty/spicy	咸/辣
	xián/là
tough/bland	硬/硬/没味道
	yìng/méi wèi dao
This isn't clean/ fresh.	这个不干净/新鲜。
	zhè ge bù gān jìng/xīn xian

PAYING

The check [bill], please.	请给我账单。
	qǐng gěi wǒ zhàng dān
Separate checks [bills], please.	请分开结账。
	qǐng fēn kāi jié zhàng
It's all together.	一起结账。
	yì qǐ jié zhàng
Is service included?	服务费包括在内吗？
	fú wù fèi bāo kuò zài nèi ma
What's this amount for?	这是什么费用？
	zhè shì shén me fèi yòng
I didn't have that. I had…	我没吃那个。我吃的是…
	wǒ méi chī nà ge wǒ chī de shì…
Can I have a receipt/ an itemized bill?	我能要一张发票/明细账单吗？
	wǒ néng yào yì zhāng fā piào/míng xì zhàng dān ma
That was delicious!	那个很好吃！
	nà ge hěn hǎo chī
I've already paid.	我已经付过账了。
	wǒ yǐ jīng fù guò zhàng le

Tipping is not expected in China. However, service charges may apply in some restaurants, especially those that offer private rooms. You won't see tax included on the bill; there is no sales tax in China.

MEALS & COOKING

Continental breakfast is served at most hotels that cater to Europeans and Americans. If you prefer a Chinese breakfast, your meal will usually be comprised of rice or wheat porridge, to which almost anything can be added, including fried dough and salted fish. Noodle soup with pieces of pork and/or vegetables is another popular Chinese breakfast.

BREAKFAST

咸肉 *xián ròu*	bacon
面包 *miàn bāo*	bread
黄油 *huáng yóu*	butter
麦片粥 *mài piàn zhōu*	cereal
乳酪 *rǔ lào*	cheese
…咖啡／茶 *…kā fēi/chá*	coffee/tea…
黑 *hēi*	black
无咖啡因的 *wú kā fēi yīn de*	decaf
加牛奶 *jiā niú nǎi*	with milk
加糖 *jiā táng*	with sugar
加糖精（人造甜味剂） *jiā táng jīng (rén zào tián wèi jì)*	with artificial sweetener
油条 *yóu tiáo*	deep fried dough sticks
油煎的鸡蛋 *yóu jiān de jī dàn*	egg, fried
煮得老／嫩的鸡蛋 *zhǔ dé lǎo/nèn de jī dàn*	egg, hard/soft boiled
茶叶蛋 *chá yè dàn*	egg, hard boiled in tea leaf water and other spices

果酱/果冻 *guǒ jiàng/guǒ dòng*	jam/jelly
…汁 *…zhī*	…juice
苹果 *píng guǒ*	apple
葡萄柚 *pú táo yòu*	grapefruit
橙子 *chéng zi*	orange
牛奶 *niú nǎi*	milk
燕麦粥 *yàn mài zhōu*	oatmeal
摊鸡蛋 *tān jī dàn*	omelet
粥 *zhōu*	rice porridge
香肠 *xiāng cháng*	sausage
芝麻烧饼 *zhī ma shāo bing*	sesame seed cake
豆奶 *dòu nǎi*	soy milk

The Chinese tend to eat early. Breakfast, 早饭 **zǎo fàn**, is usually served from 6:00 to 8:00 a.m. and lunch, 中饭 **zhōng fàn**, from 11:00 a.m to 1:00 p.m. You probably won't be able to order dinner, 晚饭 **wǎn fàn**, past 8:00 p.m., except in the south, where social life continues until late in the evening. Chinese meals are enjoyed in a group. Tables often have revolving platforms so the various dishes can be shared; using chopsticks lengthens the reach.

馒头 *mán tou*	steamed bun
包子 *bāo zi*	steamed, stuffed bun
吐司 *tǔ sī*	toast
酸奶 *suān nǎi*	yogurt
水 *shuǐ*	water
我想要⋯ *wǒ xiǎng yào…*	I'd like…
请给我再来点⋯ *qǐng gěi wǒ zài lái diǎn…*	More…, please.

APPETIZERS

凤爪 *fēng zhǎo*	chicken feet
凉拌海蜇皮 *liáng bàn hǎi zhé pí*	cold jellyfish in sauce
卤牛肉 *lǔ niú ròu*	cold stewed beef in sauce

凉拌黄瓜 *liáng bàn huáng guā*	crispy vinegar cucumber
泡菜 *pào cài*	pickles
皮蛋 *pí dàn*	preserved egg
椒盐虾 *jiāo yán xiā*	shrimp with salt and pepper
火腿片 *huǒ tuǐ piàn*	sliced ham
熏肉 *xūn ròu*	smoked meat
春卷 *chūn juǎn*	spring roll
蒸饺 *zhēng jiǎo*	steamed dumplings
蒸肉包子 *zhēng ròu bāo zi*	steamed meat bun

Chinese appetizers are ordered before a meal. In many restaurants, you can order a platter of a different appetizers, which are mostly cold dishes.

SOUP

…汤 … *tāng*	…soup
豆腐 *dòu fu*	bean curd
鸡 *jī*	chicken

玉米蛋 *yù mǐ dàn*	corn and egg
蛋花 *dàn huā*	egg drop
酸辣 *suān là*	hot and sour
三鲜 *sān xiān*	meat, seafood and egg
肉丝 *ròu sī*	pork
海鲜 *hǎi xiān*	seafood
排骨 *pái gǔ*	spare rib
鱿鱼 *yóu yú*	squid
蕃茄 *fān qié*	tomato
蔬菜 *shū cài*	vegetable

When in China, you may wish to follow Chinese etiquette. Sip your soup directly from the soup bowl or use the ceramic soup spoon provided. Elbows remain on the table and bowls are lifted off the table while enjoying the soup.

FISH & SEAFOOD

鲤鱼 *lǐ yú*	carp
蛤蜊 *gé lì*	clam
鳕鱼 *xuě yú*	cod
螃蟹 *páng xiè*	crab
鲫鱼 *jì yú*	crucian carp
草鱼 *cǎo yú*	grass carp
大比目鱼 *dà bǐ mù yú*	halibut
带鱼 *dài yú*	hairtail
鲱鱼 *fēi yú*	herring
龙虾 *lóng xiā*	lobster
章鱼 *zhāng yú*	octopus
牡蛎 *mǔ lì*	oyster
三文鱼 *sān wén yú*	salmon
鲈鱼 *lú yú*	sea bass
虾 *xiā*	shrimp
鲢鱼 *lián yú*	silver carp

板鱼	sole
bǎn yú	
鱿鱼	squid
yóu yú	
箭鱼	swordfish
jiàn yú	
鳟鱼	trout
zūn yú	
金枪鱼	tuna
jīn qiāng yú	
我想要…	I'd like…
wǒ xiǎng yào…	
请给我再来点…	More…, please.
qǐng gěi wǒ zài lái diǎn…	

MEAT & POULTRY

咸肉	cured pork
xián ròu	
牛肉	beef
niú ròu	
鸡肉	chicken
jī ròu	

鸭肉 *yā ròu*	duck
火腿 *huǒ tuǐ*	ham
猪心 *zhū xīn*	(pork) heart
猪腰 *zhū yāo*	(pork) kidney
羊肉 *yáng ròu*	lamb
猪肝 *zhū gān*	(pork) liver
牛杂 *niú zá*	oxen entrails
猪肉 *zhū ròu*	pork
兔肉 *tù ròu*	rabbit
香肠 *xiāng cháng*	sausage
猪排 *zhū pái*	(pork) spare ribs
牛排 *niú pái*	steak
猪肚 *zhū dǔ*	pork tripe
小牛肉 *xiǎo niú ròu*	veal
牛百叶 *niú bǎi yè*	oxen tripe

VEGETABLES & STAPLES

芦笋 *lú sǔn*	asparagus
绿花菜 *lǜ huā cài*	broccoli
圆白菜 *yuán bái cài*	cabbage
胡萝卜 *hú luó bo*	carrot
花菜 *huā cài*	cauliflower
芹菜 *qín cài*	celery
白菜 *bái cài*	Chinese cabbage
空心菜 *kōng xīn cài*	Chinese water spinach
玉米 *yù mǐ*	corn
豇豆 *jiāng dòu*	Chinese long bean
茄子 *qié zi*	eggplant [aubergine]

蒜	garlic
suàn	
扁豆	green bean
biǎn dòu	
芥菜	leaf mustard
jiè cài	
生菜	lettuce
shēng cài	
蘑菇	mushroom
mó gū	
紫菜	nori (type of seaweed)
zǐ cài	
橄榄	olive
gǎn lǎn	
大葱	scallion
dà cōng	
面条	noodles
miàn tiáo	
豌豆	pea
wān dòu	
土豆	potato
tǔ dòu	
萝卜	radish
luó bo	
(大)米饭	rice
(dà) mǐ fàn	
红/青柿子椒	red/green pepper
hóng/qīng shì zi jiāo	
海带	seaweed
hǎi dài	
黄豆	soy bean
huáng dòu	
菠菜	spinach
bō cài	

豆腐
dòu fu
tofu

蕃茄
fān qié
tomato

蔬菜
shū cài
vegetable

绿皮西葫芦
lǜ pí xī hú lu
zucchini

The proper way to eat a bowl of rice is to hold the bowl up with one hand and push the rice into your mouth with chopsticks. Do not stick the chopsticks upright into a bowl of rice; this is considered an ominous sign as it resembles the incense sticks burned for funerals or at shrines. When finished with your meal, rest the chopsticks across the top of the bowl.

FRUIT

苹果
píng guǒ
apple

杏
xìng
apricot

香蕉
xiāng jiāo
banana

樱桃
yīng tao
cherry

枣
zǎo
Chinese dates

橘子
jú zi
mandarin orange

水果 *shuǐ guǒ*	fruit
葡萄柚 *pú táo yòu*	grapefruit
葡萄 *pú tao*	grape
山楂 *shān zhā*	crab apple
猕猴桃 *mí hóu táo*	kiwi
荔枝 *lì zhī*	lychee
柠檬 *níng méng*	lemon
酸橙 *suān chéng*	lime
芒果 *máng guǒ*	mango
桂圆 *guì yuán*	longan fruit
瓜 *guā*	melon
橙子 *chéng zi*	orange

桃子 *táo zi*	peach
梨 *lí*	pear
菠萝 *bō luó*	pineapple
李子 *lǐ zi*	plum
石榴 *shí liu*	pomegranate
杨梅 *yáng méi*	red bayberry
草莓 *cǎo méi*	strawberry

DESSERT

八宝饭 *bā bǎo fàn*	rice pudding with sweetened bean paste, dates, raisins, lotus seed, dried longan pulp
水果 *shuǐ guǒ*	mixed fruit
红豆沙 *hóng dòu shā*	sweetened red bean paste
糖葫芦 *táng hú lu*	haws on sticks (fruit similar to a crab apple, sugared and eaten off skewers)
青炒蘑菇 *qīng chǎo mó gu*	sauteed mushrooms with milk

夹沙香蕉 *jiá shā xiāng jiāo*	stuffed banana
酥炸苹果盒 *sū zhá píng guǒ hé*	breaded and stuffed apple slices
爽口苹果沙拉 *shuǎng kǒu píng guǒ shā lā*	apples slices with raisins
水果雪泥 *shuǐ guǒ xuě ní*	kiwi with carrot paste
雪碧冰淇凌 *xuě bì bīng qí líng*	ice cream with soda
拔丝苹果 *bá sī píng guǒ*	apple in hot toffee
花生小甜饼 *huā shēng xiǎo tián bǐng*	peanut cake

The Chinese rarely finish a meal with dessert but, instead, have fruit. In general sweets are eaten as snacks. You can buy desserts at bakeries and teahouses; some supermarkets have a section for desserts as well.

SAUCES & CONDIMENTS

辣酱 *là jiàng*	hot pepper sauce
番茄酱 *fān qié jiàng*	ketchup
芥末 *jiè mo*	mustard
胡椒调味料 *hú jiāo tiáo wèi liào*	pepper
盐 *yán*	salt

AT THE MARKET

Where are the carts [trolleys]/baskets?	推车/篮子在哪里？ *tuī chē/lán zi zài nǎ li*
Where is…?	…在哪里？ *…zài nǎ li*
I'd like some of that/this.	我想要点那个/这个。 *wǒ xiǎng yào diǎn nà ge/zhè ge*
Can I taste it?	我能尝尝吗？ *wǒ néng cháng chang ma*
I'd like…	我想要… *wǒ xiǎng yào…*
a kilo/half kilo of…	一公斤/半公斤… *yì gōng jīn/bàn gōng jīn …*
a liter of…	一升… *yì shēng…*
a piece of…	一块… *yí kuài…*
a slice of…	一片… *yí piàn…*
More./Less.	多点。/少点。 *duō diǎn/shǎo diǎn*
How much?	多少钱？ *duō shǎo qián*

Where do I pay?	我在哪里付钱？ *wǒ zài nǎ li fù qián*
A bag, please.	请给我一个袋子。 *qǐng gěi wǒ yí gè dài zi*

YOU MAY SEE...

过期日 *guò qī rì*	expiration date
卡路里 *kǎ lù lǐ*	calories
无脂肪 *wú zhī fáng*	fat free
需冷藏 *xū lěng cáng*	keep refrigerated
也许含有微量… *yě xǔ hán yǒu wēi liàng …*	may contain traces of…
微波炉可用 *wēi bō lú kě yòng*	microwaveable
在…之前出售 *zài…zhī qián chū shòu*	sell by…
适合素食者 *shì hé sù shí zhě*	suitable for vegetarians

I'm being helped. 有人帮我了。
yǒu rén bāng wǒ le

YOU MAY HEAR...

我可以帮你吗？ *wǒ kě yǐ bāng nǐ ma*	Can I help you?
你想要什么？ *nǐ xiǎng yào shén me*	What would you like?
还要别的吗？ *hái yào bié de ma*	Anything else?
那是···人民币。 *nà shì...rén mín bì*	That's...Ren Min Bi.

IN THE KITCHEN

bottle opener	开瓶器 *kāi píng qì*
bowl	碗 *wǎn*
can opener	开罐器 *kāi guàn qì*
ceramic spoon	汤勺 *tāng sháo*
corkscrew	开塞钻 *kai sāi zuàn*
clay pot	沙锅 *shā guō*
cup	杯子 *bēi zi*
fork	叉子 *chā zi*
frying pan	煎锅 *jiān guō*

glass	玻璃杯
	bō li bēi
knife	餐刀
	cān dāo
grater	磨碎器
	mó suìqì
napkin	餐巾
	cān jīn
plate	盘子
	pán zi
pot	锅
	guō
spatula	铲子
	chǎn zi
spoon	勺子
	sháo zi
steamer	蒸锅
	zhēng guō
wok	炒锅
	chǎo guō

DRINKS

NEED TO KNOW

The wine list/drink menu, please.	请给我酒水单/饮料单。
	qǐng gěi wǒ jiǔ shuǐ dān/yǐn liào dān
What do you recommend?	你推荐什么？
	nǐ tuī jiàn shén me
I'd like a bottle/glass of red/white wine.	我想要瓶/杯红/白葡萄酒。
	wǒ xiǎng yào píng/bēi hóng/bái pú táo jiǔ
The house wine, please.	请给我当家酒。
	qǐng gěi wǒ dāng jiā jiǔ
With/Without…, please.	请加/不要加…
	qǐng jiā/bù yào jiā…
I can't have…	我不能吃…
	wǒ bù néng chī…
Another bottle/glass, please.	请再给我一瓶/杯。
	qǐng zài gěi wǒ yì píng/bēi
I'd like a local beer.	我想喝当地的啤酒。
	wǒ xiǎng hē dāng dì de pí jiǔ
Can I buy you a drink?	我可以给你买饮料吗？
	wǒ kě yǐ gěi nǐ mǎi yǐn liào ma
Cheers!	干杯！
	gān bēi
A coffee/tea, please.	请给我一杯咖啡/茶。
	qǐng gěi wǒ yì bēi kā fēi/chá
Black.	黑
	hēi
With…	加… *jiā…*
milk	牛奶
	niú nǎi

sugar	糖
	táng
artificial sweetener	人造甜味剂
	rén zào tián wèi jì
A..., please.	请给我一杯…
	qǐng gěi wǒ yì bēi...
juice	果汁
	guǒ zhī
soda	苏打水
	sū dá shuǐ
(sparkling/still)	（汽/纯净）水
water	*(qì/chún jìng) shuǐ*
Is the water safe to drink?	这水可以喝吗？
	zhè shuǐ kě yǐ hē ma

NON-ALCOHOLIC DRINKS

咖啡	coffee
kā fēi	
可乐	cola
kě lè	
热巧克力	hot chocolate
rè qiǎo kè lì	
果汁	juice
guǒ zhī	
…茶	…tea
...chá	
绿	green
lǜ	
冰	iced
bīng	

茉莉花 *mò lì huā*	jasmine
柠檬 *níng méng*	lemon
奶 *nǎi*	milk
乌龙 *wū lóng*	oolong
牛奶 *niú nǎi*	milk
苏打水 *sū dá shuǐ*	soda
豆奶 *dòu nǎi*	soymilk
（汽/纯净）水 *(qì/chún jìng) shuǐ*	(sparkling/still) water
酸奶 *suān nǎi*	yogurt drink

YOU MAY HEAR...

我可以给你买饮料吗？
wǒ kě yǐ gěi nǐ mǎi yǐn liào ma

加牛奶还是糖？
jiā niú nǎi hái shì táng

汽水还是纯净水？
qì shuǐ hái shì chún jìng shu

Can I get you a drink?

With milk or sugar?

Sparkling or still water?

APERITIFS, COCKTAILS & LIQUEURS

白兰地 *bái lán dì*	brandy
白酒 *bái jiǔ*	Chinese liqueurs
杜松子酒 *dù sōng zǐ jiǔ*	gin
兰姆酒 *lán mǔ jiǔ*	rum
苏格兰威士忌 *ū gé lán wēi shì jì*	scotch
龙舌兰酒 *long shé lán jiǔ*	tequila
伏特加 *fú tè jiā*	vodka
威士忌 *wēi shì jì*	whisky

BEER

啤酒	beer
pí jiǔ	
瓶/生/罐	bottled/draft/canned
píng/shēng/guàn	
黑/淡	dark/light
hēi/dàn	
当地/进口	local/imported
dāng dì/jìn kǒu	
青岛啤酒	Tsingtao® beer
qīng dǎo pí jiǔ	

WINE

葡萄酒	wine
pú tao jiǔ	
香槟	champagne
xiāng bīn	
红葡萄酒/白葡萄酒	red/white
hóng pú tao jiǔ/bái pú tao jiǔ	
当家酒/佐餐酒	house/table
dāng jiā jiǔ/zuǒ cān jiǔ	
干葡萄酒/甜葡萄酒	dry/sweet
gān pú tao jiǔ/tián pú tao jiǔ	
汽酒	sparkling
qì jiǔ	
饭后甜酒	dessert wine
fàn hòu tián jiǔ	

ON THE MENU

杏仁 *xìng rén*	almond
鳀鱼 *shí yú*	anchovy
开胃酒 *kāi wèi jiǔ*	aperitif
苹果 *píng guǒ*	apple
杏子 *xìng zi*	apricot
宝塔菜 *bǎo tǎ cài*	artichoke
人造甜味剂 *rén zào tián wèi jì* or 糖精 *táng jīng*	artificial sweetener
芦笋 *lú sǔn*	asparagus
鳄梨 *è lí*	avocado
香蕉 *xiāng jiāo*	banana
鲈鱼 *lú yú*	bass
月桂叶 *yuè guì yè*	bay leaf
豆子 *dòu zi*	bean
豆芽 *dòu yá*	bean sprout

牛肉 *niú ròu*	beef
啤酒 *pí jiǔ*	beer
甜菜 *tián cài*	beet
血肠 *xuě cháng*	blood sausage
白兰地酒 *bái lán dì jiǔ*	brandy
面包 *miàn bāo*	bread
鸡胸肉 *jī xiōng ròu*	breast (of chicken)
汤 *tāng*	broth
黄油 *huáng yóu*	butter
酪乳 *lào rǔ*	buttermilk
圆白菜 *yuán bái cài*	cabbage

蛋糕 *dàn gāo*	cake
糖果 *táng guǒ*	candy [sweets]
麦芽糖 *mài yá táng*	caramel
芷茴香 *zhǐ huí xiang*	caraway
胡萝卜 *hú luó bo*	carrot
腰果 *yāo guǒ*	cashew
花菜 *huā cài*	cauliflower
芹菜 *qín cài*	celery
麦片粥 *mài piàn zhōu*	cereal
乳酪 *rǔ lào*	cheese
樱桃 *yīng táo*	cherry
细叶芹 *xì yè qín*	chervil
栗子 *lì zi*	chestnut
鸡肉 *jī ròu*	chicken
鹰嘴豆 *yīng zuǐ dòu*	chickpea
菊苣 *jú jù*	chicory
辣椒 *là jiāo*	chili pepper

枣 *zǎo*	Chinese dates
白酒 *bái jiǔ*	Chinese liquor
韭菜 *jiǔ cài*	chives
巧克力 *qiǎo kè lì*	chocolate
剁 *duò*	chop
肉馅 *ròu xiàn*	chopped meat
苹果汁 *píng guǒ zhī*	cider
香菜 *xiāng cài*	cilantro [coriander]
肉桂 *ròu guì*	cinnamon
蛤蜊 *gé li*	clam
丁香 *dīng xiāng*	clove
椰子 *yē zi*	coconut
鳕鱼 *xuě yú*	cod
咖啡 *kā fēi*	coffee
清炖肉汤 *qīng dùn ròu tāng*	consommé
曲奇 *qǔ qí*	cookie [biscuit]
玉米面 *yù mǐ miàn*	cornmeal

螃蟹 *páng xiè*	crab
山楂 *shān zhā*	crab apple
蟹肉 *xiè ròu*	crabmeat
薄脆饼干 *báo cuì bǐng gān*	cracker
奶油 *nǎi yóu*	cream
发泡奶油 *fā pào nǎi yóu*	cream, whipped
乳酪 *rǔ lào*	cream cheese
鲫鱼 *jì yú*	crucian carp
黄瓜 *huáng guā*	cucumber
小茴香 *xiǎo huí xiang*	cumin
咸肉 *xián ròu*	cured pork
蛋羹 *dàn gēng*	custard

饭后甜酒 *fàn hòu tián jiǔ*	dessert wine
鸭肉 *yā ròu*	duck
饺子 *jiǎo zi*	dumpling
鳗鱼 *màn yú*	eel
鸡蛋 *jī dàn*	egg
韭菜炒鸡蛋 *jiǔ cài chǎo jī dàn*	eggs with Chinese chives
黄瓜炒鸡蛋 *huáng guā chǎo jī dàn*	eggs with cucumber
芙蓉蛋 *fú róng dàn*	eggs with a mixture of chopped meat and vegetables
虾仁炒鸡蛋 *xiā rén chǎo jī dàn*	eggs with peeled freshwater shrimp
皮蛋 *pí dàn*	pickled egg
鸡蛋羹 *jī dàn gēng*	steamed egg pasty
蛋黄/蛋白 *dàn huáng/bái*	egg yolk/white
茄子 *qié zi*	eggplant [aubergine]
莴苣菜 *wō mǎi cài*	endive
苣荬菜 *jù mǎi cài*	escarole [chicory]
茴香 *huí xiang*	fennel

无花果 *wú huā guǒ*	fig
鱼 *yú*	fish
炸薯条 *zhá shǔ tiáo*	French fries
油炸馅饼 *yóu zhá xiàn bǐng*	fritter
水果 *shuǐ guǒ*	fruit
野味 *yě wèi*	game
蒜 *suàn*	garlic
蒜香汁 *suàn xiāng zhī*	garlic sauce
嫩黄瓜 *nèn huáng guā*	gherkin
杂碎 *zá suì*	giblet
杜松子酒 *dù sōng zǐ jiǔ*	gin
姜 *jiāng*	ginger
羊肉 *yáng ròu*	goat
羊酪 *yáng lào*	goat cheese
鹅肉 *é ròu*	goose
鹅莓 *é méi*	gooseberry
柚子 *yòu zi*	grapefruit

葡萄 *pú táo*	grapes
草鱼 *cǎo yú*	grass carp
青豆 *qīng dòu*	green bean
番石榴 *fān shí liu*	guava
珍珠鸡 *zhēn zhū jī*	guinea fowl
黑线鳕 *hēi xiàn xuě*	haddock
无须鳕 *wú xū xuě*	hake
大比目鱼 *dà bǐ mù yú*	halibut
火腿 *huǒ tuǐ*	ham
汉堡包 *hàn bǎo bāo*	hamburger
榛子 *zhēn zi*	hazelnut
心脏 *xīn zàng*	heart
母鸡 *mǔ jī*	hen
草本 *cǎo běn*	herb
鲱鱼 *fēi yú*	herring
蜂蜜 *fēng mì*	honey
热狗 *rè gǒu*	hot dog

冰 *bīng*	ice (cube)
冰淇凌 *bīng qi líng*	ice cream
果酱 *guǒ jiàng*	jam
果冻 *guǒ dòng*	jelly
果汁 *guǒ zhī*	juice
小羊肉 *xiǎo yáng ròu*	kid
腰花 *yāo huā*	kidney
猕猴桃 *mí hóu táo*	kiwi
小羊肉 *xiǎo yáng ròu*	lamb
韭葱 *jiǔ cōng*	leek
大腿肉 *dà tuǐ ròu*	leg
柠檬 *níng méng*	lemon
柠檬水 *níng méng shuǐ*	lemonade
扁豆 *biǎn dòu*	lentil
生菜 *shēng cài*	lettuce
酸橙 *suān chéng*	lime
肝脏 *gān zàng*	liver

龙虾 *lóng xiā*	lobster
桂圆 *guì yuán*	longan fruit
腰肉 *yāo ròu*	loin
通心粉 *tōng xīn fěn*	macaroni
鲭鱼 *qīng yú*	mackerel
橘子 *jú zi*	mandarin orange
芒果 *máng guǒ*	mango
人造黄油 *rén zào huáng yóu*	margarine
桔子酱 *jú zi jiàng*	marmalade
小杏仁饼 *xiǎo xìng rén bǐng*	marzipan
蛋黄酱 *dàn huáng jiàng*	mayonnaise
肉 *ròu*	meat

瓜
guā

melon

蛋白甜饼
dàn bái tián bǐng

meringue

牛奶
niú nǎi

milk

奶昔
nǎi xī

milk shake

薄荷
bò he

mint

扁鲨
biǎn shā

monkfish

蘑菇
mó gu

mushroom

淡菜
dàn cài

mussel

羊肉
yáng ròu

mutton

面条
miàn tiáo

noodle

紫菜
zǐ cài

nori (a type of
seaweed)

牛乳糖
niú rǔ táng

nougat

肉豆蔻
ròu dòu kòu

nutmeg

坚果
jiān guǒ

nuts

章鱼
zhāng yú

octopus

橄榄
gǎn lǎn

olive

橄榄油
gǎn lǎn yóu

olive oil

摊鸡蛋 *tān jī dàn*	omelet
葱 *cōng*	onion
橙子 *chéng zi*	orange
甜橙酒 *tián chéng jiǔ*	orange liqueur
牛至 *niú zhì*	oregano
杂碎 *zá suì*	organ meat [offal]
黄牛肉 *huáng niú ròu*	ox
牛尾 *niú wěi*	oxtail
牡蛎 *mǔ lì*	oyster
烙饼 *lào bǐng*	pancake
番木瓜 *fān mù guā*	papaya
辣椒粉 *là jiāo fěn*	paprika
酥皮点心 *sū pí diǎn xīn*	pastry
桃子 *táo zi*	peach
花生 *huā shēng*	peanut
梨 *lí*	pear
豌豆 *wān dòu*	peas

胡桃 *hú táo*	pecan
柿子椒 *shì zi jiāo*	pepper (vegetable)
野鸡 *yě jī*	pheasant
泡菜 *pào cài*	pickle
馅饼 *xiàn bǐng*	pie
菠萝 *bō luó*	pineapple
比萨饼 *bǐ sà bǐng*	pizza
李子 *lǐ zi*	plum
石榴 *shí liu*	pomegranate
猪肉 *zhū ròu*	pork
土豆 *tǔ dòu*	potato
薯片 *shǔ piàn*	potato chips [crisps]
禽肉 *qín ròu*	poultry
梅干 *méi gàn*	prune
南瓜 *nán guā*	pumpkin
鹌鹑 *ān chún*	quail
兔子肉 *tù zi ròu*	rabbit

萝卜	radish
luó bo	
葡萄干	raisin
pú táo gān	
杨梅	red bayberry
yáng méi	
红叶卷心菜	red cabbage
hóng yè juǎn xīn cài	
调味品	relish
tiáo wèi pǐn	
大黄	rhubarb
dà huáng	
大米	rice
dà mǐ	
烘烤	roast
hōng kǎo	
烤牛肉	roast beef
kǎo niú ròu	
卷	roll
juǎn	
兰姆酒	rum
lán mǔ jiǔ	
沙拉	salad
shā lā	

蒜味咸腊肠 *suàn wèi xián là cháng*	salami
三文鱼 *sān wén yú*	salmon
三明治 *sān míng zhì*	sandwich
沙丁鱼 *shā dīng yú*	sardine
调味汁 *tiáo wèi zhī*	sauce
香肠 *xiāng cháng*	sausage
大葱 *dà cōng*	scallion [spring onion]
扇贝 *shàn bèi*	scallop
苏格兰威士忌 *sū gé lán wēi shì jì*	scotch
鲈鱼 *lú yú*	sea bass
中国花鲈 *zhōng guó huā lú*	sea perch
海鲜 *hǎi xiān*	seafood
海带 *hǎi dài*	seaweed
青葱 *qīng cōng*	shallot
小腿肉 *xiǎo tuǐ ròu*	shank
贝类 *bèi lèi*	shellfish
雪利酒 *xuě lì jiǔ*	sherry

前腿肉	shoulder
qián tuǐ ròu	
虾	shrimp
xiā	
鲢鱼	silver carp
lián yú	
牛腩	sirloin
niú nán	
零食	snack
líng shí	
蜗牛	snail
wō niú	
苏打水	soda
sū dá shuǐ	
板鱼	sole
bǎn yú	
汤	soup
tāng	
酸奶油	sour cream
suān nǎi yóu	
大豆	soy [soya]
dà dòu	
酱油	soy sauce
jiàng yóu	
大豆	soybean [soya bean]
dà dòu	
豆奶	soymilk [soya milk]
dòu nǎi	
(意)细条实心面	spaghetti
(Italian) xì tiáo shí xīn miàn	
调料	spices
tiáo liào	
菠菜	spinach
bō cài	

酒 *jiǔ*	spirits
南瓜 *nán guā*	squash
乌贼 *wū zéi*	squid
牛排 *niú pái*	steak
炖果子 *dùn guǒ zi*	stewed fruit
草莓 *cǎo méi*	strawberry
乳猪 *rǔ zhū*	suckling pig
糖 *táng*	sugar
甜点 *tián diǎn*	sweets
甜酸酱 *tián suān jiàng*	sweet and sour sauce
甜玉米 *tián yù mǐ*	sweet corn
甜椒 *tián jiāo*	sweet pepper
红薯 *hóng shǔ*	sweet potato
糖精 *táng jīng*	sweetener
剑鱼 *jiàn yú*	swordfish
糖浆 *táng jiāng*	syrup
蜜桔 *mì jú*	tangerine

龙篙	tarragon
lóng hāo	
茶	tea
chá	
麝香草	thyme
shè xiang cǎo	
豆腐	tofu
dòu fu	
锅塌豆腐	breaded tofu
guō tā dòu fu	
凉拌豆腐	cold tofu with garlic
liáng bàn dòu fu	sauce
皮蛋豆腐	crushed tofu with
pí dàn dòu fu	pickled egg
锅贴豆腐	fried, stuffed tofu
guō tiē dòu fu	
麻婆豆腐	spicy tofu
má pó dòu fu	
熘豆腐	sauteed tofu
liū dòu fu	
沙锅豆腐	tofu in a clay pot
shā guō dòu fu	
鱼片豆腐	tofu with fish
yú piàn dòu fu	

肉丸豆腐 *ròu wán dòu fu*	tofu with meatballs
虾仁豆腐 *xiā rén dòu fu*	tofu with peeled freshwater shimp
烤面包 *kǎo miàn bāo*	toast
蕃茄 *fān qié*	tomato
舌头 *shé tou*	tongue
奎宁水 *kuí níng shuǐ*	tonic water
肚子 *dǔ zi*	tripe
鳟鱼 *zūn yú*	trout
块菌 *kuài jūn*	truffles
金枪鱼 *jīn qiāng yú*	tuna
火鸡 *huǒ jī*	turkey
白萝卜 *bái luó bo*	turnip
香草 *xiāng cǎo*	vanilla
小牛肉 *xiǎo niú ròu*	veal
蔬菜 *shū cài*	vegetable
鹿肉 *lù ròu*	venison
苦艾酒 *kǔ ài jiǔ*	vermouth

醋	vinegar
cù	
伏特加	vodka
fú tè jiā	
奶蛋烘饼	waffle
nǎi dàn hōng bǐng	
核桃	walnut
hé tao	
水	water
shuǐ	
西洋菜	watercress
xī yáng cài	
西瓜	watermelon
xī guā	
面粉	wheat
miàn fěn	
威士忌	whisky
wēi shì jì	
葡萄酒	wine
pú táo jiǔ	
酸奶	yogurt
suān nǎi	
绿皮西葫芦	zucchini [courgette]
lǜ pí xī hú lu	

PEOPLE

GOING OUT

NEED TO KNOW

What's there to do at night?	晚上可以做什么呢？	*wǎn shang kě yǐ zuò shén me ne*
Do you have a program of events?	你有节目表吗？	*nǐ yǒu jié mù biǎo ma*
What's playing tonight?	今晚演什么？	*jīn wǎn yǎn shén me*
Where's the...?	…在哪里？	*...zài nǎ lǐ*
downtown area	市中心	*shì zhōng xīn*
bar	酒吧	*jiǔ bā*
dance club	舞蹈俱乐部	*wǔ dǎo jù lè bù*
Is there a cover charge?	有没有附加费？	*yǒu méi yǒu fù jiā fèi*

ENTERTAINMENT

Can you recommend…?	你能推荐…吗？ *nǐ néng tuī jiàn*
a concert	一个音乐会 *yí gè yīn yuè huì*
a movie	一部电影 *yíbù diàn yǐng*
an opera	一部歌剧 *yí bù gē jù*
a play	一部戏剧 *yí bù xì jù*
When does it start/end?	几点开始/结束？ *jǐ diǎn kāi shǐ/jié shù*
Where's the…?	…在哪里？ *…zài nǎ li*
concert hall	音乐厅 *yīn yuè tīng*
opera house	歌剧院 *gē jù yuàn*
theater	剧院 *jù yuàn*
arcade	商场 *shāng chǎng*
What's the dress code?	有着装要求吗？ *yǒu zhuó zhuāng yāo qiú ma*
I like…	我喜欢… *wǒ xǐ huan…*
classical music	古典音乐 *gǔ diǎn yīn yuè*
folk music	民族音乐 *mín zú yīn yuè*
jazz	爵士乐 *jué shì yuè*

pop music	流行音乐
	liú xíng yīn yuè
rap	说唱
	shuō chàng

For Tickets, see page 45.

YOU MAY HEAR…

请关掉手机。
qǐng guān diào shǒu jī

Turn off your cell [mobile] phones, please.

NIGHTLIFE

What's there to do at night?	晚上可以做什么？
	wǎn shang kě yǐ zuò shén me
Can you recommend…?	你能推荐···吗？
	nǐ néng tuī jiàn… ma
a bar	一个酒吧
	yí ge jiǔ bā
a casino	一个赌场
	yí ge dǔ chǎng
a dance club	舞蹈俱乐部
	wǔ dǎo jù lè bù
a jazz club	爵士乐俱乐部
	jué shì yuè jù lè bù
a club with Chinese music	一家有中国音乐的俱乐部
	yì jiā yǒu zhōng guó yīn yuè de jù lè bù
Is there live music?	有没有现场音乐？
	yǒu mei yǒu xiàn chǎng yīn yuè

How do I get there?	我怎么去那里？
	wǒ zěn me qù nà li
Is there a cover charge?	有没有附加费？
	yǒu mei yǒu fù jiā fèi
Let's go dancing.	我们去跳舞吧。
	wǒ men qù tiào wǔ ba
Is this area safe at night?	这个地区晚上安全吗？
	zhè ge dì qū wǎn shang ān quán ma

Nightlife is more common in south China than elsewhere; restaurants, bars and cafes usually stay open until at least midnight in the south. **China Daily** and other English language newpapers often list cultural ongoings in major cities. Ask about local events at your hotel or check for events listings in a local newspaper.

ROMANCE

NEED TO KNOW

Would you like to go out for a drink/dinner?	你想出去喝一杯/吃晚饭吗？ *nǐ xiǎng chū qù hē yì bēi/chī wǎn fàn ma*
What are your plans for tonight/tomorrow?	今晚/明天你有什么计划吗？ *jīn wǎn/míng tiān nǐ yǒu shén me jì huà ma*
Can I have your number?	可以给我你的电话号码吗？ *kě yǐ gěi wǒ nǐ de diàn huà hào mǎ ma*
Can I join you?	我可以加入吗？ *wǒ kě yǐ jiā rù ma*
Can I get you a drink?	我可以为你买杯饮料吗？ *wǒ kě yǐ wéi nǐ mǎi bēi yǐn liào ma*
I like/love you.	我喜欢/爱你。 *wǒ xǐ huan/ài nǐ*

THE DATING GAME

Would you like to go out for coffee?	你想出去喝咖啡吗？ *nǐ xiǎng chū qù hē kā fēi ma*
What are your plans for...?	你…有什么计划吗？ *nǐ...yǒu shén me jì huà ma*
today	今天 *jīn tiān*
tonight	今晚 *jīn wǎn*
tomorrow	明天 *míng tiān*

this weekend	这个周末 *zhè ge zhōu mò*
Where would you like to go?	你想去哪里？ *nǐ xiǎng qù nǎ lǐ*
I'd like to go to…	我想去… *wǒ xiǎng qù…*
Do you like…?	你喜欢…吗？ *nǐ xǐ huan…ma*
Can I have your number/e-mail?	可以给我你的电话号码/电子邮件地址吗？ *kě yǐ gěi wǒ nǐ de diàn huà hào mǎ/diàn zǐ yóu jiàn dì zhǐ ma*
Can I join you?	我可以加入吗？ *wǒ kě yǐ jiā rù ma*
You're very attractive.	你非常漂亮。 *nǐ fēi cháng piào liang*
Let's go somewhere quieter.	我们去个更安静的地方吧。 *wǒ men qù gè gèng ān jìng de dì fang ba*

For Communications, see page 82.

ACCEPTING & REJECTING

I'd love to.	好的。 *hǎo de*
Where should we meet?	我们在哪见面？ *wǒ men zài nǎ jiàn miàn*
I'll meet you at the bar/at your hotel.	我在酒吧/你的旅馆见你。 *wǒ zài jiǔ bā/nǐ de lǚ guǎn jiàn nǐ*
I'll come by at…	我在…拜访你 *wǒ zài…bài fǎng nǐ*
What is your address?	你的地址是什么？ *nǐ de dì zhǐ shì shén me*

I'm busy.	我很忙。
	wǒ hěn máng
I'm not interested.	我没兴趣。
	wǒ méi xìng qù
Leave me alone.	让我自己呆一会儿。
	ràng wǒ zì jǐ dāi yí huì er
Stop bothering me!	不要打扰我！
	bú yào dǎ rǎo wǒ

For Time, see page 25.

GETTING INTIMATE

Can I hug/kiss you?	我可以拥抱/吻你吗？
	wǒ kě yǐ yōng bào/wěn nǐ ma
Yes.	行。
	xíng
No.	不行。
	bù xíng
I like/love you.	我喜欢/爱你。
	wǒ xǐ huan/ài nǐ
Stop!	住手！
	zhù shǒu

The Chinese are generally reserved and may not be comfortable when asked forward or aggressive questions regarding romance or sexuality.

SEXUAL PREFERENCES

Are you gay?	你是男同性恋吗?
	nǐ shì nán tóng xìng liàn ma
I'm…	我是…
	wǒ shì…
heterosexual	异性恋
	yì xìng liàn
homosexual	同性恋
	tóng xìng liàn
bisexual	双性恋者
	shuāng xìng liàn zhě
Do you like men/ women?	你喜欢男人/女人吗?
	nǐ xǐ huan nán rén/nǚ rén ma
Let's go to a gay bar/club.	我们去一家同性恋酒吧/俱乐部吧。
	wǒ men qù yì jiā tóng xìng liàn jiǔ bā/jù lè bù ba

Chinese attitudes regarding homosexuality are conservative; therefore, asking about a person's sexuality may not be an appropriate question. Drawing attention to one's sexual orientation is generally discouraged.
The gay community in major Chinese cities is growing, though. Larger cities in China may have gay-friendly bars and clubs but often in discreet locations.

DICTIONARY

ENGLISH–MANDARIN

A

a.m. 上午 shàng wǔ
abbey 修道院 xiū dào yuàn
accept v 接受 jiē shòu
access 进入 jìn rù
accident 事故 shì gù
accommodation 住宿 zhù sù
account n 账户 zhàng hù
acupuncture 针灸 zhēn jiǔ
adapter 变压器 biàn yā qì
address 地址 dì zhǐ
admission 入场 rù chǎng
after 以后 yǐ hòu
afternoon 下午 xià wǔ
aftershave 须后水 xū hòu shuǐ
age 年龄 nián líng
agency 代办处 dài bàn chù
AIDS 爱滋病 ài zī bìng
air conditioning 空调 kōng tiáo
air pump 气筒 qì tǒng
airline 航空公司 háng kōng gōng sī
airmail 航空信 háng kōng xìn
airplane 飞机 fēi jī
airport 飞机场 fēi jī chǎng
aisle 过道 guò dào

aisle seat 靠过道的位子 kào guò dào de wèi zi
allergic 过敏 guò mǐn
allergic reaction 过敏反应 guò mǐn fǎn yìng
allow v 允许 yǔn xǔ
alone 单独 dān dú
alter v (clothing) 改 gǎi
alternate route 变更路线 biàn gēng lù xiàn
aluminum foil 厨房锡纸 chú fáng xī zhǐ
amazing 令人惊奇的 lìng rén jīng qí de
ambulance 救护车 jiù hù chē
American 美国人 měi guó rén
amusement park 游乐园 yóu lè yuán
anemic 贫血 pín xuè
anesthesia 麻醉 má zuì
animal 动物 dòng wù
ankle 脚腕 jiǎo wàn
antibiotic 抗生素 kàng shēng sù
antiques store 古董店 gǔ dǒng diàn
antiseptic cream 消毒药膏 xiāo dú yào gāo

---

adj adjective	**BE** British English	**prep** preposition
adv adverb	**n** noun	**v** verb

anything 任何东西 rèn hé dōng xī

apartment 公寓 gōng yù

appendix (body part) 盲肠 máng cháng

appetizer 开胃菜 kāi wèi cài

appointment 约会 yuē huì

arcade 拱廊儿童游戏场 gǒng láng ér tóng yóu xì chǎng

area code 区号 qū hà

arm 胳膊 gē bo

aromatherapy 芳香疗法 fāng xiāng liáo fǎ

around (the corner) 拐角处 guǎi jiǎo chù

arrivals (airport) 抵达 dǐ dá

arrive v 到达 dào dá

artery 动脉 dòng mài

arthritis 关节炎 guān jié yán

Asian (restaurant) 亚洲 yà zhōu

aspirin 阿斯匹林 ā sī pǐ lín

asthmatic 气喘 qì chuǎn

ATM 自动取款机 zì dòng qǔ kuǎn jī

ATM card 自动取款卡 zì dòng qǔ kuǎn kǎ

attack (on person) 攻击 gōng jī

attend v 出席 chū xí

attraction (place) 游览胜地 yóu lǎn shèng dì

attractive 有吸引力的 yǒu xī yǐn lì de

Australian 澳大利亚人 ào dà lì yà rén

automatic 自动 zì dòng

automatic car 自动汽车 zì dòng qì chē

B

baby 婴儿 yīng ér

baby bottle 奶瓶 nǎi píng

baby wipe 婴儿纸巾 yīng ér zhǐ jīn

babysitter 保姆 bǎo mǔ

back (body part) 背部 bèi bù

backpack 背包 bēi bāo

bag 袋子 dài zi

baggage [BE] 行李 xíng li

baggage claim 行李认领 xíng li rèn lǐng

baggage ticket 行李票 xíng li piào

bakery 面包店 miàn bāo diàn

ballet 芭蕾 bā léi

bandage 绷带 bēng dài

bank 银行 yín háng

bar (place) 酒吧 jiǔ bā

barbecue 烤肉 kǎo ròu

barber 理发师 lǐ fà shī

baseball 棒球 bàng qiú

basket (grocery store) 购物篮子 gòu wù lán zi

basketball 篮球 lán qiú

bathroom 浴室 yù shì

battery 电池 diàn chí

battleground 战场 zhàn chǎng

be v 是 shì

beach 海滩 hǎi tān

beautiful 美丽 měi lì

bed 床 chuáng

bed and breakfast 带早餐的旅店 dài zǎo cān de lǚ diàn

begin v 开始 kāi shǐ

before 以前 yǐ qián

beginner (skill level) 初学者 chū xué zhě

behind (direction) 后面 hòu mian

beige 米黄色 mǐ huáng sè

belt 皮带 pí dài

berth 铺位 pùwèi

best 最好 zuì hǎo

better 更好 gèng hǎo

bicycle 自行车 zì xíng chē

big 大 dà

bigger 更大 gèng dà

bike route 自行车路线 zì xíng chē lù xiàn

bikini 比基尼泳装 bǐ jī ní yǒng zhuāng

bill v **(charge)** 开付款单 kāi fù kuǎn dān; ~ n **(money)** 纸币 zhǐ bì; ~ n **(of sale)** 账单 zhàng dān

bird 鸟 niǎo

birthday 生日 shēng rì

black 黑色 hēi sè

bladder 膀胱 páng guāng

bland 无味 wú wèi

blanket 毯子 tǎn zi

bleed v 流血 liú xuè

blood 血液 xuè yè

blood pressure 血压 xuè yā

blouse 女衬衫 nǚ chèn shān

blue 蓝色 lán sè

board v 登机 dēng jī

boarding pass 登机牌 dēng jī pái

boat 小船 xiǎo chuán

bone 骨头 gǔ tou

book 书 shū

bookstore 书店 shū diàn

boots 靴子 xuē zi

boring 无聊的 wú liáo de

botanical garden 植物园 zhí wù yuán

bother v 打扰 dǎ rǎo

bottle 瓶 píng

bottle opener 瓶启子 píng qǐ zi

bowl 碗 wǎn

box 箱子 xiāng zi

boxing match 拳击比赛 quán jī bǐ sài

boy 男孩 nán hái

boyfriend 男朋友 nán péng you

bra 胸罩 xiōng zhào

bracelet 手镯 shǒu zhuó

brakes (car) 闸 zhá

break v **(tooth)** 断 duàn

break-in (burglary) 闯入 chuǎng rù

breakdown 出故障 chū gù zhàng

breakfast 早餐 zǎo cān

breast 乳房 rǔ fáng
breastfeed 母乳喂养 mǔ rǔ wèi yǎng
breathe *v* 呼吸 hū xī
bridge 桥梁 qiáo liáng
briefs (clothing) 男内裤 nán nèi kù
bring *v* 带来 dài lái
British 英国人 yīng guó rén
broken 破了 pò le
brooch 别针 bié zhēn
broom 笤帚 tiáo zhou
brother 兄弟 xiōng dì
brown 褐色 hè sè
bug 虫子 chóng zi
building 大厦 dà shà
burn *v* 烧 shāo
bus 公共汽车 gōng gòng qì chē
bus station 公共汽车站 gōng gòng qì chē zhàn
bus stop 公共汽车站 gōng gòng qì chē zhàn
bus ticket 公共汽车票 gōng gòng qì chē piào
bus tour 公共汽车游览 gōng gòng qì chē yóu lǎn
business 商务 shāng wù
business card 名片 míng piàn
business center 商业中心 shāng yè zhōng xīn
business class 商务舱 shāng wù cāng

business hours 营业时间 yíng yè shí jiān
butcher 屠户 tú hù
buttocks 屁股 pì gu
buy *v* 买 mǎi
bye 再见 zài jiàn

C

cabin 客舱 kè cāng
cable car 缆车 lǎn chē
café 小餐馆 xiǎo cān guǎn
call *v* 打电话 dǎ diàn huà; ~ *n* 电话 diàn huà
calligraphy supplies 书法用品 shū fǎ yòng pǐn
calories 卡路里 kǎ lù lǐ
camera 照相机 zhào xiàng jī
camera case 照相机套 zhào xiàng jī tào
camera store 照相器材商店 zhào xiàng qì cái shāng diàn
camp *v* 露营 lù yíng
camping stove 露营炉 lù yíng lú
campsite 露营地 lù yíng dì
can opener 开罐器 kāi guàn qì
Canada 加拿大 jiā ná dà
Canadian 加拿大人 jiā ná dà rén
cancel *v* 取消 qǔ xiāo
candy 糖果 táng guǒ
canned good 罐装食品 guàn zhuāng shí pǐn
canyon 峡谷 xiá gǔ

car 汽车 qì chē

car hire *[BE]* 租车 zū chē

car park *[BE]* 停车场 tíng chē chǎng

car rental 租车 chū zū qì chē

car seat (儿童)车座 (ér tóng) chē zuò

carafe 玻璃调料瓶 bō li tiáo liào píng

card 卡 kǎ

carry-on 手提行李 shǒu tí xíng li

cart (grocery store) 手推车 shǒu tuī chē; ~ **(luggage)** 行李推车 xíng li tuī chē

carton 条 tiáo

case (amount) 件 jiàn

cash *v* 兑现金 duì xiàn jīn; ~ *n* 现金 xiàn jīn

cash advance 预支现金 yù zhī xiàn jīn

cashier 出纳员 chū nà yuán

casino 赌博娱乐场 dǔ bó yú lè chǎng

castle 城堡 chéng bǎo

cathedral 大教堂 dà jiào táng

cave 洞 dòng

CD CD CD

cell phone 手机 shǒu jī

Celsius 摄氏 shè shì

centimeter 厘米 lí mǐ

ceramic spoon 汤勺 tāng sháo

certificate 证明 zhèng míng

chair 椅子 yǐ zi

chair lift 升降椅 shēng jiàng yǐ

change *v* **(buses)** 换车 huàn chē; ~ *v* **(money)** 换钱 huàn qián; ~ *v* **(baby)** 换尿布 huàn niào bù; ~ *n* **(money)** 零钱 líng qián

charcoal 木炭 mù tàn

charge *v* **(credit card)** 用信用卡付款 yòng xìn yòng kǎ fù kuǎn; *n* **(cost)** 收费 shōu fèi

cheap 便宜 pián yi

cheaper 更便宜 gèng pián yi

check *v* **(something)** 检查 jiǎn chá; ~ *v* **(luggage)** 托运 tuō yùn; ~ *n* **(payment)** 支票 zhī piào

check-in (hotel) 办入住 bàn rù zhù; ~ **(airport)** 办理登机手续 bàn lǐ dēng jī shǒu xù

checking account 支票账户 zhī piào zhàng hù

check-out (hotel) *n* 退房 tuì fáng

chemical toilet 简易厕所 jiǎn yì cè suǒ

chemist *[BE]* 药剂师 yào jì shī

cheque *[BE]* 支票 zhī piào

chest (body part) 胸口 xiōng kǒu

chest pain 胸口痛 xiōng kǒu tòng

chewing gum 口香糖 kǒu xiāng táng

child 孩子 hái zi

child's seat 儿童座椅 ér tóng zuò yǐ

children's menu 儿童菜单 ér tóng cài dān

children's portion 儿童饭量 ér tóng fàn liàng

china 瓷器 cí qì

China 中国 zhōng guó

Chinese 中文 zhōng wén

Chinese painting 中国画 zhōng guó huà

chopsticks 筷子 kuài zi

church 教堂 jiào táng

cigar 雪茄 xuě jiā

cigarette 香烟 xiāng yān

class 等级 děng jí

clay pot 砂锅 shā guō

cloisonné 景泰蓝 jǐng tài lán

classical music 古典音乐 gǔ diǎn yīn yuè

clean v 清洗 qīng xǐ; ~ adv 干净 gān jìng

cleaning product 清洁产品 qīng jié chǎn pǐn

cleaning supplies 清洁产品供应 qīng jié chǎn pǐn gōng yìng

clear v (on an ATM) 清除 qīng chú

cliff 峭壁 qiào bì

cling film [BE] 保鲜膜 bǎo xiān mó

close v (a shop) 关门 guān mén; ~ adj 近 jìn

closed 关闭 guān bì

clothing 衣物 yī wù

clothing store 服装店 fú zhuāng diàn

club 俱乐部 jù lè bù

coat 外套 wài tào

coffee shop 咖啡店 kā fēi diàn

coin 硬币 yìng bì

cold (sickness) 感冒 gǎn mào; ~ (temperature) 冷 lěng

colleague 同事 tóng shì

cologne 科隆香水 kē lóng xiāng shuǐ

color 颜色 yán sè

comb 梳子 shū zi

come v 来 lái

complaint 怨言 yuàn yán

computer 计算机 jì suàn jī

concert 音乐会 yīn yuè huì

concert hall 音乐厅 yīn yuè tīng

condition (medical) 症状 zhèng zhuàng

conditioner 护发素 hù fà sù

condom 避孕套 bì yùn tào

conference 会议 huì yì

confirm v 证实 zhèng shí

congestion 充血 chōng xuè

connect v (internet) 连接 lián jiē

connection (internet) 连接 lián jiē; ~ (flight) 转机 zhuǎn jī

constipated 便秘 biàn mì

consulate 领事馆 lǐng shì guǎn

consultant 顾问 gù wèn

contact v 联系 lián xì

contact lens 隐形眼镜 yǐn xíng yǎn jìng

contact lens solution 隐形眼镜液 yǐn xíng yǎn jìng yè

contagious 传染的 chuán rǎn de

convention hall 会议厅 huì yì tīng

conveyor belt 传送带 chuán sòng dài

cook v 烹调 pēng tiáo

cooking gas 烹调煤气 pēng tiáo méi qì

cool (temperature) 凉 liáng

copper 铜 tóng

corkscrew 开塞钻 kāi sāi zuàn

cost v 花费 huā fèi

cot 轻便小床 qīng biàn xiǎo chuáng

cotton 棉花 mián hua

cough 咳嗽 ké sou

country code 国家代号 guó jiā dài hào

cover charge 附加费 fù jiā fèi

crash v (car) 撞 zhuàng

cream (ointment) 药膏 yào gāo

credit card 信用卡 xìn yòng kǎ

crew neck 圆领 yuán lǐng

crib 摇篮 yáo lán

crystal 水晶 shuǐ jīng

cup 杯子 bēi zi

currency 货币 huò bì

currency exchange 货币兑换 huò bì duì huàn

currency exchange office 货币兑换局 huò bì duì huàn jú

current account [BE] 支票账户 zhī piào zhàng hù

customs 海关 hǎi guān

cut v (hair) 剪 jiǎn; ~ n (injury) 伤口 shāng kǒu

cute 逗人喜爱 dòu rén xǐ ài

cycling 骑自行车 qí zì xíng chē

D

damage v 损伤 sǔn shāng

damaged 坏了 huài le

dance v 跳舞 tiào wǔ

dance club 舞蹈俱乐部 wǔ dǎo jù lè bù

dancing 跳舞 tiào wǔ

dangerous 危险 wēi xiǎn

dark 黑暗 hēi àn

date (calendar) 日期 rì qī

day 天 tiān

deaf 聋 lóng

debit card 借记卡 jiè jì kǎ

deck chair 轻便折叠躺椅 qīng biàn zhé dié tǎng yǐ

declare v 申报 shēn bào

decline v (credit card) 拒绝 jù jué

deeply 深深地 shēn shēn de

degrees (temperature) 度 dù

delay v 晚点 wǎn diǎn

delete v 删除 shān chú

delicatessen 熟食 shú shí

delicious 可口 kě kǒu

denim 斜纹粗棉布 xié wén cū mián bù

dentist 牙医 yá yī

denture 假牙 jiǎ yá

deodorant 止汗露 zhǐ hàn lù

department store 百货商店 bǎi huò shāng diàn

departure 离开 lí kāi

deposit v 存钱 cún qián; ~ n (bank) 储蓄 chǔ xù

desert 沙漠 shā mò

detergent 洗涤剂 xǐ dí jì

diabetic 糖尿病 táng niào bìng

dial v 拨号 bō hào

diamond 钻石 zuàn shí

diaper 尿布 niào bù

diarrhea 腹泻 fù xiè

diesel 柴油 chái yóu

difficult 困难 kùn nan

digital 数码 shù mǎ

digital camera 数码相机 shù mǎ xiàng jī

digital photo 数码相片 shù mǎ xiàng piàn

digital print 数码印刷品 shù mǎ yìn shuā pǐn

dining room 餐厅 cān tīng

dinner 晚餐 wǎn cān

direction 方向 fāng xiàng

dirty 肮脏 āng zāng

disabled 残疾 cán jí

disabled accessible [BE] 残疾人通道 cán jí rén tōng dào

disconnect (computer) 断开 duàn kāi

discount 折扣 zhé kòu

dish (kitchen) 碟子 dié zi

dishwasher 洗碗机 xǐ wǎn jī

dishwashing liquid 洗碗液 xǐ wǎn yè

display 显示 xiǎn shì

display case 陈列橱 chén liè chú

disposable 一次性 yí cì xìng

disposable razor 一次性剃刀 yí cì xìng tì dāo

dive v 潜水 qián shuǐ

diving equipment 潜水用具 qián shuǐ yòng jù

divorce v 离婚 lí hūn

dizzy 头昏眼花 tóu hūn yǎn huā

doctor 医生 yī shēng

doll 玩具娃娃 wán jù wá wá

dollar (U.S.) 美元 měi yuán

domestic 国内 guó nèi

domestic flight 国内航班 guó nèi háng bān

dormitory 宿舍 sù shè

double bed 双人床 shuāng rén chuáng

downtown 市中心 shì zhōng xīn

dozen 十二 shí èr

drag lift 牵引缆车 qiān yǐn lǎn chē

dress (piece of clothing) 連衣裙 lián yī qún

dress code 着装要求 zhuó zhuāng yāo qiú

drink v 喝 hē; ~ n 饮料 yǐn liào

drink menu 饮料单 yǐn liào dān

drinking water 饮用水 yǐn yòng shuǐ

drive v 开车 kāi chē

driver's license number 司机驾照号 sī jī jià zhào hào

drop (medicine) 滴 dī

drowsiness 睡意 shuì yì

dry cleaner 干洗店 gān xǐ diàn

during 期间 qī jiān

duty (tax) 关税 guān shuì

duty-free 免税 miǎn shuì

DVD DVD DVD

E

ear 耳朵 ěr duo

earache 耳朵疼 ěr duo téng

early 早 zǎo

earrings 耳环 ěr huán

east 东部 dōng bù

easy 容易 róng yì

eat v 吃 chī

economy class 经济舱 jīng jì cāng

elbow 肘 zhǒu

electric outlet 电插座 diàn chā zuò

elevator 电梯 diàn tī

e-mail v 发电邮 fā diàn yóu; ~ n 电子邮件 diàn zǐ yóu jiàn

e-mail address 电邮地址 diàn yóu dì zhǐ

emergency 紧急状态 jǐn jí zhuàng tài

emergency exit 紧急出口 jǐn jí chū kǒu

empty v 倒空 dào kōng

enamel (jewelry) 珐琅 fà láng

end v 结束 jié shù

English 英语 yīng yǔ

engrave v 雕刻 diāo kè

enjoy v 享用 xiǎng yòng

enter v 进入 jìn rù

entertainment 娱乐 yú lè

entrance 入口 rù kǒu

envelope 信封 xìn fēng

epileptic 癫痫 diān xián

equipment 设备 shè bèi

escalator 自动扶梯 zì dòng fú tī

e-ticket 电子票 diàn zǐ piào

evening 晚上 wǎn shang

excess 超过 chāo guò

exchange v (money) 兑换 duì huàn; ~ v (goods) 交换 jiāo huàn; ~ n (place) 换地方 huàn dì fāng

exchange rate 兑换率 duì huàn lǜ

excursion 游览 yóu lǎn

excuse v 原谅 yuán liàng

exhausted 用尽 yòng jìn

exit v 出去 chū qù; ~ n 出口 chū kǒu

expensive 昂贵 ang guì

expert (skill level) 专家 zhuān jiā

exposure (film) 曝光 bào guāng

express 快 kuài

extension (phone) 分机 fēn jī

extra 额外 é wài

extra large 特大号 tè dà hào

extract v (tooth) 拔 bá

eye 眼睛 yǎn jīng

F

face 面孔 miàn kǒng

facial 面部 miàn bù

family 家庭 jiā tíng

fan (appliance) 电扇 diàn shàn

far 远 yuǎn

far-sighted 远视 yuǎn shì

farm 农场 nóng chǎng

fast 快速 kuài sù

fast food 快餐 kuài cān

fat free 无脂肪 wú zhī fáng

father 父亲 fù qīn

fax v 发传真 fā chuán zhēn; ~ n 传真 chuán zhēn

fax number 传真号 chuán zhēn hào

fee 费用 fèi yòng

feed v 喂 wèi

ferry 轮渡 lún dù

fever 发烧 fā shāo

field (sports) 运动场 yùn dòng chǎng

fill up v (food) 加满 jiā mǎn

fill out v (form) 填写 tián xiě

filling (tooth) 填充物 tián chōng wù

film (camera) 胶卷 jiāo juǎn

fine (fee) 罚款 fá kuǎn

finger 手指 shǒu zhǐ

fingernail 指甲 zhǐ jiǎ

fire 火 huǒ

fire department 消防队 xiāo fáng duì

fire door 防火门 fáng huǒ mén

first class 头等舱 tóu děng cāng

fit (clothing) 适合 shì hé

fitting room 试衣间 shì yī jiān

fix v (repair) 修理 xiū lǐ

fixed-price menu 价格固定的菜单 jià gé gù dìng de cài dān

flashlight 手电 shǒu diàn

flight 航班 háng bān

floor 地板 dì bǎn

florist 卖花人 mài huā rén

flower 花 huā

folk music 民间音乐 mín jiān yīn yuè

food 食物 shí wù

foot 脚 jiǎo

football game [BE] 足球赛 zú qiú sài

for 为 wéi

forecast 预报 yù bào

forest 森林 sēn lín

fork 叉子 chā zi

form (fill-in) 表格 biǎo gé

formula (baby) 奶粉 nǎi fěn

fort 要塞 yào sài

fountain 喷泉 pēn quán

free 免费 miǎn fèi

freezer 冷冻机 lěng dòng jī

fresh 新鲜 xīn xiān

friend 朋友 péng you

frying pan 煎锅 jiān guō

full-service 全面服务 quán miàn fú wù

G

game 游戏 yóu xì

garage 车库 chē kù

garbage bag 垃圾袋 lā jī dài

gas 汽油 qì yóu

gas station 加油站 jiā yóu zhàn

gate (airport) 登机门 dēng jī mén

gay 男同性恋 nán tóng xìng liàn

gay bar 男同性恋酒吧 nán tóng xìng liàn jiǔ bā

gay club 男同性恋俱乐部 nán tóng xìng liàn jù lè bù

gel (hair) 发胶 fà jiāo

get to 到 dào

get off (a train/bus/subway) 下车 xià chē

gift 礼物 lǐ wù

gift shop 礼品店 lǐ pǐn diàn

girl 女孩 nǚ hái

girlfriend 女朋友 nǚ péng you

give v 给 gěi

glass (drinking) 玻璃杯 bō li bēi; ~ **(material)** 玻璃 bō li

glasses 眼镜 yǎn jìng

go v **(somewhere)** 去 qù

gold 金子 jīn zi

golf course 高尔夫球场 gāo ěr fū qiú chǎng

golf tournament 高尔夫球比赛 gāo ěr fū qiú bǐ sài

good 好 hǎo

good afternoon 下午好 xià wu hǎo

good evening 晚上好 wǎn shang hǎo

good morning 早晨好 zǎo chen hǎo

goodbye 再见 zài jiàn

goods 物品 wù pǐn

gram 克 kè

grandchild 孙子 sūn zi

grandparent 祖父/母 zǔ fù/ mǔ

gray 灰色 huī sè

Great Hall of the People 人民大会堂 rén mín dà huì táng

green 绿色 lnǚ sè

grocery store 杂货店 zá huò diàn

ground floor 一楼 yī lóu

group 小组 xiǎo zǔ

guide n 指南 zhǐ nán

guide book 指南书 zhǐ nán shū

guide dog 导盲犬 dǎo máng quǎn

gym 体操 tǐ cāo

gynecologist 妇产科医师 fù chǎn kē yī shī

H

hair 头发 tóu fà

hair dryer 吹风机 chuī fēng jī

hair salon 发廊 fà láng

hairbrush 梳子 shū zi

haircut 理发 lǐ fà

hairspray 喷发剂 pēn fà jì

hairstyle 发型 fà xíng

hairstylist 发型师 fà xíng shī

halal 清真食品 qīng zhēn shí pǐn

half 半 bàn

half hour 半小时 bàn xiǎo shí

half-kilo 半公斤 bàn gōng jīn

hammer 锤子 chuí zi

hand 手 shǒu

hand luggage [BE] 手提行李 shǒu tí xíng li

handbag [BE] 提包 tí bāo

handicapped 残疾 cán ji

handicapped-accessible 残疾人通道 cán ji rén tōng dào

hangover 宿醉 sù zuì

happy 愉快 yú kuài

hat 帽子 mào zi

have v 有 yǒu

hay fever 花粉症 huā fěn zhèng

head (body part) 头 tóu

headache 头疼 tóu téng

headphones 耳机 ěr jī

health 健康 jiàn kāng

health food store 健康食品商店 jiàn kāng shí pǐn shāng diàn

hearing impaired 听力障碍 tīng lì zhàng ài

heart 心脏 xīn zàng

heart condition 心脏病 xīn zàng bìng

heat 暖气 nuǎn qì

heater 加热器 jiā rè qì

heating [BE] 暖气 nuǎn qì

hello 你好 nǐ hǎo

helmet 头盔 tóu kuī

help 帮助 bāng zhù

here 这里 zhè lǐ

hi 你好 nǐ hǎo

high 高 gāo

highchair 高脚椅 gāo jiǎo yǐ

highway 高速公路 gāo sù gōng lù

hill 小山 xiǎo shān

hire v [BE] 雇用 gù yòng

hire car [BE] 租用汽车 zū yòng qì chē

hitchhike v 搭车 dā chē

hockey 曲棍球 qū gùn qiú

holiday [BE] 假日 jià rì

horse track 跑马场 pǎo mǎ chǎng

hospital 医院 yī yuàn

hostel 旅舍 lǚ shè

hot (temperature) 热 rè; ~ (spicy) 辣 là

hot spring 温泉 wēn quán

hot water 热水 rè shuǐ

hotel 旅馆 lǚ guǎn

hour 小时 xiǎo shí

house 房子 fáng zi

household good 家用物品 jiā yòng

housekeeping services 客房清洁服务 kè fáng qīng jié fú wù

how 怎么 zěn me

how much 多少 duō shǎo

hug v 拥抱 yōng bào

hungry 饥饿 jī è

hurt 疼 téng

husband 丈夫 zhàng fu

I

ibuprofen 布洛芬 bù luò fēn

ice 冰 bīng

ice hockey 冰球 bīng qiú

icy 冰冷 bīng lěng

identification 证件 zhèng jiàn

ill 病 bìng

in 在 zài

include v 包括 bāo kuò

indoor pool 室内游泳池 shì nèi yóu yǒng chí

inexpensive 不贵 bú guì

infected 传染 chuán rǎn

information (phone) 留言 liú yán

information desk 问讯处 wèn xùn chù

insect bite 虫咬 chóng yǎo

insect repellent 杀虫剂 shā chóng jì

insert v (on an ATM) 插入 chā rù

insomnia 失眠 shī mián

instant message 即时讯息 jí shí xùn xī

insulin 胰岛素 yí dǎo sù

insurance 保险 bǎo xiǎn

insurance card 保险卡 bǎo xiǎn kǎ

insurance company 保险公司 bǎo xiǎn gōng sī

interesting 有趣 yǒu qù

international (airport area) 国际 guó jì

international flight 国际航班 guó jì háng bān

international student card 国际学生证 guó jì xué shēng zhèng

internet 互联网 hù lián wǎng

internet cafe 网吧 wǎng bā

internet service 互联网服务 hù lián wǎng fú wù

interpreter 口译员 kǒu yì yuán

intersection 十字路口 shí zì lù kǒu

intestine 肠子 cháng zi

introduce v 介绍 jiè shào

invoice 发货票 fā huò piào

Ireland 爱尔兰 ài ěr lán

Irish 爱尔兰人 ài ěr lán rén

iron v 熨衣服 yùn yī fu; ~ n 熨斗 yùn dǒu

J

jacket 夹克 jiá kè

jade 翡翠 fěi cuì

Japanese (restaurant) 日本 rì běn

jar 罐子 guàn zi

jaw 下颌 xià hé

jazz 爵士乐 jué shì yuè

jazz club 爵士乐俱乐部 jué shì yuè jù lè bù

jeans 牛仔裤 niú zǎi kù

jeweler 珠宝商 zhū bǎo shāng

jewelry 首饰 shǒu shì

join v 加入 jiā rù

joint (body part) 关节 guān jié

K

key 钥匙 yào shi

key card 钥匙卡 yào shi kǎ

key ring 钥匙圈 yào shi quān

kiddie pool 儿童游泳池 ér tóng yóu yǒng chí

kidney (body part) 肾脏 shèn zàng

kilogram 公斤 gōng jīn

kilometer 公里 gōng lǐ

kiss v 亲吻 qīn wěn

kitchen 厨房 chú fáng

kitchen foil [BE] 厨房锡纸 chú fáng xī zhǐ

knee 膝盖 xī gài

knife 刀子 dāo zi

kosher 犹太食品 yóu tài shí pǐn

L

lace 鞋带 xié dài

lacquerware 漆器 qī qì

lactose intolerant 乳糖过敏 rǔ táng guò mǐn

lake 湖 hú

large 大 dà

last 最后 zuì hòu

late (time) 晚了 wǎn le

later 以后 yǐ hòu

launderette [BE] 洗衣店 xǐ yī diàn

laundromat 洗衣店 xǐ yī diàn

laundry 要洗的衣物 yào xǐ de yī wù

laundry facility 洗衣店设施 xǐ yī diàn shè shī

laundry service 洗衣服务 xǐ yī fú wù

lawyer 律师 lǜ shī

leather 皮革 pí gé
leave v 起飞 qǐ fēi
left (direction) 左边 zuǒ bian
leg 腿 tuǐ
lens 镜片 jìng piàn
less 较少 jiào shǎo
lesson 课程 kè chéng
letter 信件 xìn jiàn
library 图书馆 tú shū guǎn
life jacket 救生衣 jiù shēng yī
lifeguard 救生员 jiù shēng yuán
lift 搭车 dā chē; ~ [BE] 电梯 diàn tī
lift pass 缆车票 lǎn chē piào
light (overhead) 灯 dēng; ~ (cigarette) 点 diǎn
lightbulb 电灯泡 diàn dēng pào
lighter 打火机 dǎ huǒ jī
like v 喜欢 xǐ huan
line (train) 线 xiàn
linen 亚麻布 yà má bù
lip 嘴唇 zuǐ chún
liquor store 酒店 jiǔ diàn
liter 公升 gōng shēng
little 少许 shǎo xǔ
live v 居住 jū zhù
live music 现场音乐 xiàn chǎng yīn yuè
liver (body part) 肝脏 gān zàng
loafers 游荡者 yóu dàng zhě
local 当地 dāng dì
lock up 锁 suǒ

lock n 锁 suǒ
locker 衣物柜 yī wù guì
log on 登录 dēng lù
log off 退出 tuì chū
long 长 cháng
long sleeves 长袖子 cháng xiù zi
long-sighted [BE] 远视 yuǎn shì
look v 看 kàn
lose v (something) 丢失 diū shī
lost 失去 shī qù
lost and found 失物招领处 shī wù zhāo lǐng chù
lotion 化妆乳液 huà zhuāng rǔ yè
louder 大声 dà shēng
love 爱 ài
low 低 dī
luggage 行李 xíng li
luggage cart 行李推车 xíng li tuī chē
luggage locker 行李暂存箱 xíng li zàn cún xiāng
luggage ticket 行李票 xíng li piào
lunch 午餐 wǔ cān
lung 肺 fèi

M

magazine 杂志 zá zhì
magnificent 壮观 zhuàng guān

mail v 邮寄 yóu jì; ~ n 邮件 yóu jiàn

mailbox 邮箱 yóu xiāng

main attraction 主要景点 zhǔ yào jǐng diǎn

main course 主菜 zhǔ cài

make up v [BE] (a prescription) 配药方 pèi yào fāng

mall 购物中心 gòu wù zhōng xīn

man 男人 nán rén

manager 经理 jīng lǐ

manicure 修手指甲 xiū shǒu zhi jia

manual car 手动汽车 shǒu dòng qì chē

map n 地图 dì tú

market 市场 shì chǎng

married 结婚 jié hūn

marry v 结婚 jié hūn

mass (church service) 礼拜 lǐ bài

massage 按摩 àn mó

match n 火柴 huǒ chái

meal 饭 fàn

measure v (someone) 测量 cè liáng

measuring cup 量杯 liáng bēi

measuring spoon 量匙 liáng chí

mechanic 技工 jì gōng

medicine 医药 yī yào

medium (size) 中等 zhōng děng

meet v (someone) 见面 jiàn miàn

meeting 会议 huì yì

meeting room 会议室 huì yì shì

membership card 会员证 huì yuán zhèng

memorial (place) 纪念馆 jì niàn guǎn

memory card 存储卡 cún chǔ kǎ

mend v 修理 xiū lǐ

menstrual cramp 经期腹痛 jīng qī fù tòng

menu 菜单 cài dān

message 信息 xìn xī

meter (parking) 计时器 jì shí qì

microwave 微波炉 wēi bō lú

midday [BE] 午间 wǔ jiān

midnight 午夜 wǔ yè

mileage 里程(数) lǐ chéng shù

mini-bar 小酒吧 xiǎo jiǔ bā

minute 分钟 fēn zhōng

missing 错过 cuò guò

mistake 差错 chā cuò

mobile phone [BE] 手机 shǒu jī

mobility 流动性 liú dòng xìng

monastery 修道院 xiū dào yuàn

money 钱 qián

month 月 yuè

mop 擦 cā

moped 电动自行车 diàn dòng zì xíng chē

more 更多 gèng duō

morning 早晨 zǎo chén

mosque 清真寺 qīng zhēn sì

mother 母亲 mǔ qīn

motion sickness 晕动病 yùn dòng bìng

motor boat 汽船 qì chuán

motorcycle 摩托车 mó tuō chē

motorway [BE] 高速公路 gāo sù gōng lù

mountain 山 shān

mountain bike 山地车 shān dì chē

mousse (hair) 摩丝 mó sī

mouth 嘴 zuǐ

movie 电影 diàn yǐng

movie theater 电影院 diàn yǐng yuàn

mug v 抢 qiǎng

multiple-trip (ticket) 不限使用次数的 bú xiàn shǐ yòng cì shù de

muscle 肌肉 jī ròu

museum 博物馆 bó wù guǎn

music 音乐 yīn yuè

music store 音乐商店 yīn yuè shāng diàn

N

nail file 指甲锉 zhǐ jia cuò

nail salon 美甲沙龙 měi jiǎ shā lóng

name 名字 míng zì

napkin 餐巾 cān jīn

nappy [BE] 尿布 niào bù

nationality 国籍 guó jí

nature preserve 自然保护区 zì rán bǎo hù qū

nauseous 恶心 ě xin

near (在... 的)附近 (zài... de) fù jìn

near-sighted 近视 jìn shì

nearby 附近 fù jìn

neck 脖子 bó zǐ

necklace 项链 xiàng liàn

need v 需要 xū yào

newspaper 报纸 bào zhǐ

newsstand 报摊 bào tān

next 下一个 xià yí gè

nice 好 hǎo

night 夜 yè

nightclub 夜总会 yè zǒng huì

no 不 bú/bù

non-alcoholic 无酒精 wú jiǔ jīng

non-smoking 禁烟 jìn yān

noon 中午 zhōng wǔ

north 北部 běi bù

nose 鼻子 bí zi

notes [BE] 笔记 bǐ jì

nothing 没什么 méi shén me

notify v 通知 tōng zhī

novice (skill level) 新手 xīn shǒu

now 现在 xiàn zài

number 数字 shù zì

nurse 护士 hù shi

O

office 办公室 bàn gōng shì

office hours 办公时间 bàn gōng shí jiān

off-licence [BE] 酒店 jiǔ diàn

oil 油 yóu

OK 好 hǎo

old 老 lǎo

on the corner 在拐角处 zài guǎi jiǎo chù

once 一次 yí cì

one 一 yī

one-way (ticket) 单程 dān chéng

one-way street 单行道 dān xíng dào

only 只 zhǐ

open v 打开 dǎ kāi; ~ adj 开着 kāi zhe

opera 歌剧 gē jù

opera house 歌剧院 gē jù yuàn

opposite 相反 xiāng fǎn

optician 验光师 yàn guāng shī

orange (color) 桔色 jú sè

orchestra 乐队 yuè duì

order v 点菜 diǎn cài

outdoor pool 室外游泳池 shì wài yóu yǒng chí

outside 外面 wài miàn

over the counter (medication) 非处方药 feī chǔ fāng yào

overdone 过熟 guò shú

overlook (scenic place) 俯视 fǔ shì

overnight 隔夜 gé yè

oxygen treatment 氧气治疗 yǎng qì zhì liáo

P

p.m. 下午 xià wǔ

pacifier 橡皮奶嘴 xiàng pí nǎi zuǐ

pack v 打包 dǎ bāo

package 包裹 bāo guǒ

paddling pool [BE] 儿童游泳池 ér tóng yóu yǒng chí

pad [BE] 垫 diàn

pain 痛 tòng

pajamas 睡衣 shuì yī

palace 宫殿 gōng diàn

pants 裤子 kù zi

pantyhose 裤袜 kù wà

paper 纸 zhǐ

paper towel 纸巾 zhǐ jīn

paracetamol [BE] 泰诺 tài nuò

park v 停车 tíng chē; ~ n 公园 gōng yuán

parking garage 车库 chē kù

parking lot 停车场 tíng chē chǎng

parking meter 停车计时器 tíng chē jì shí qì

part (for car) 部件 bù jiàn

part-time 兼职 jiān zhí

passenger 乘客 chéng kè

passport 护照 hù zhào

passport control 护照管制 hù zhào guǎn zhì

password 密码 mì mǎ

pastry shop 点心店 diǎn xīn diàn

path 道路 dào lù

pay v 支付 zhī fù

pay phone 公用电话 gōng yòng diàn huà

peak (of a mountain) 山顶 shān dǐng

pearl 珍珠 zhēn zhū

pedestrian 行人 xíng rén

pediatrician 儿科医生 ér kē yī shēng

pedicure 修脚趾甲 xiū jiǎo zhǐ jiǎ

pen 笔 bǐ

penicillin 青霉素 qīng méi sù

penis 阴茎 yīn jìng

per 每 měi

per day 每天 měi tiān

per hour 每小时 měi xiǎo shí

per night 每晚 měi wǎn

per week 每星期 měi xīng qī

perfume 香水 xiāng shuǐ

period (menstrual) 月经 yuè jīng; ~(of time) 期间 qī jiān

permit v 允许 yǔn xǔ

petite 娇小 jiāo xiǎo

petrol [BE] 汽油 qì yóu

petrol station [BE] 加油站 jiā yóu zhàn

pharmacy 药房 yào fáng

phone v 打电话 dǎ diàn huà; ~ n 电话 diàn huà

phone call 电话 diàn huà

phone card 电话卡 dǎ diàn kǎ

phone number 电话号码 diàn huà hào mǎ

photo 相片 xiàng piàn

photocopy 复印件 fù yìn jiàn

photography 摄影 shè yǐng

pick up (something) 取 qǔ

picnic area 野餐区 yě cān qū

piece 片 piàn

pill (birth control) 计划生育药片 jì huà shēng yù yào piàn

pillow 枕头 zhěn tou

personal identification number (PIN) 个人密码 gè rén mì mǎ

pink 粉红色 fěn hóng sè

piste [BE] 小道 xiǎo dào

piste map [BE] 小道路线图 xiǎo dào lù xiàn tú

pizzeria 比萨店 bǐ sà diàn

place v (a bet) 下 xià

plane 飞机 fēi jī

plastic wrap 塑料包装 sù liào bāo zhuāng

plate 盘子 pán zi

platform 站台 zhàn tái

platinum 铂金 bó jīn

play v 玩 wán; ~ n (theatre) 戏剧 xì jù

playground 操场 cāo chǎng

playpen 游戏围栏 yóu xì wéi lán

please 请 qǐng

pleasure 乐趣 lè qù

plunger 下水道疏通器 xià shuǐ dào shū tōng qì

plus size 加大号 jiā dà hào

pocket 口袋 kǒu dài

poison 毒药 dú yào

poles (skiing) 滑雪杆 huá xuě gan

police 警察 jǐng chá

police report 警察报告 jǐng chá bào gào

police station 警察局 jǐng chá jú

pond 池塘 chí táng

pool 水池 shuǐ chí

pop music 流行音乐 liú xíng yīn yuè

portion 部分 bù fen

post [BE] 邮件 yóu jiàn

post office 邮局 yóu jú

postbox [BE] 邮箱 yóu xiāng

postcard 明信片 míng xìn piàn

pot 罐 guàn

pottery 陶器 táo qì

pound (weight) 磅 bàng; ~ (British sterling) 英镑 yīng bàng

pregnant 怀孕 huái yùn

prescribe v 开处方 kāi chū fāng

prescription 处方药 chǔ fāng yào

press v (clothing) 熨 yùn

price 价格 jià gé

print v 打印 dǎ yìn

problem 问题 wèn tí

produce 农产品 nóng chǎn pǐn

produce store 农产品商店 nóng chǎn pǐn shāng diàn

prohibit v 禁止 jìn zhǐ

pronounce v 发音 fā yīn

public 公共 gōng gòng

pull v 拉 lā

purple 紫色 zǐ sè

purse 提包 tí bāo

push v 按 àn

pushchair [BE] 婴儿车 yīng ér chē

Q

quality 质量 zhì liàng

question 问题 wèn tí

quiet 安静 ān jìng

R

racetrack 跑马场 pǎo mǎ chǎng

racket (sports) 球拍 qiú pāi

railway station [BE] 火车 huǒ chē

rain n 雨 yǔ

raincoat 雨衣 yǔ yī

rainforest 雨林 yǔ lín

rainy 多雨 duō yǔ

rap (music) 说唱乐 shuō chàng yuè

rape 强奸 qiáng jiān

rare (object) 罕见 hǎn jiàn

rash 皮疹 pí zhěn

ravine 峡谷 xiá gǔ

razor blade 剃须刀 tì xū dāo

reach v 够 gòu

ready 准备好 zhǔn bèi hǎo

real 真正 zhēn zhèng

receipt 收据 shōu jù

receive v 接受 jiē shòu

reception 招待会 zhāo dài huì

recharge v 充电 chōng diàn

recommend v 推荐 tuī jiàn

recommendation 推荐 tuī jiàn

recycling 回收 huí shōu

red 红色 hóng sè

refrigerator 冰箱 bīng xiāng

region 区域 qū yù

registered mail 挂号信 guà hào xìn

regular 普通 pǔ tōng

relationship 关系 guān xì

Ren Min Bi 人民币 rén mín bì

rent v 租 zū

rental car 出租车 chū zū chē

repair v 修理 xiū lǐ

repeat v 重复 chóng fù

reservation 预定 yù dìng

reservation desk 服务台 fú wù tái

reserve v 预定 yù dìng

restaurant 餐馆 cān guǎn

restroom (formal/informal) 洗手间/厕所 xǐ shǒu jiān/ cè suǒ

retired 退休 tuì xiū

return v 归还 guī huán; ~ n [BE] 返还 fǎn huán

reverse v (the charges) [BE] 对方付费电话 duì fāng fù fèi diàn huà

rib (body part) 肋骨 lèi gǔ

rice cooker 电饭锅 diàn fàn guō

right of way 路权 lù quán

ring 戒指 jiè zhi

river 河 hé

road map 路线图 lù xiàn tú

roast v 烤 kǎo

rob v 抢夺 qiǎng duó

robbed 被抢了 bèi qiǎng le

romantic 浪漫 làng màn

room 房间 fáng jiān

room key 房间钥匙 fáng jiān yào shi

room service 客房送餐服务 kè fáng sòng cān fú wù

round-trip 双程 shuāng chéng

route 路线 lù xiàn

rowboat 划艇 huá tǐng

rubbish [BE] 垃圾 lā jī

rubbish bag [BE] 垃圾袋 lā jī dài

ruins 废墟 fèi xū

rush 赶时间 gǎn shí jiān

S

sad 伤心 shāng xīn

safe (thing) 保险柜 bǎo xiǎn guì; ~ (protected) 安全 ān quán

sales tax 销售税 xiāo shòu shuì

sandals 凉鞋 liáng xié

sanitary napkin 卫生棉 wèi shēng mián

saucepan 平底锅 píng dǐ guō

sauna 蒸汽浴 zhēng qì yù

save v (on a computer) 保存 bǎo cún

savings (account) 储蓄 chǔ xù

scanner 扫描器 sǎo miáo qì

scarf 围巾 wéi jīn

schedule v 预定日程 yù dìng rì chéng; ~ n 日程表 rì chéng biǎo

school 学校 xué xiào

science 科学 kē xué

scissors 剪刀 jiǎn dāo

sea 海 hǎi

seat 座位 zuò wèi

security 安检 ān jiǎn

see v 看见 kàn jiàn

self-service 自助 zì zhù

sell v 卖 mài

seminar 研讨会 yán tǎo huì

send v 送 sòng

senior citizen 老年人 lǎo nián rén

separated (marriage) 分居 fēn jū

serious 严肃 yán sù

service (in a restaurant) 服务 fú wù

sexually transmitted disease (STD) 性传播疾病 xìng chuán bō jí bìng

shampoo 香波 xiāng bō

sharp 锋利 fēng lì

shaving cream 剃须膏 tì xū gāo

sheet 床单 chuáng dān

ship v (mail) 邮寄 yóu jì

shirt 衬衫 chèn shān

shoe store 鞋店 xié diàn

shoes 鞋子 xié zi

shop v 购物 gòu wù

shopping 购物 gòu wù

shopping area 购物区 gòu wù qū

shopping centre [BE] 购物中心 gòu wù zhōng xīn

shopping mall 商城 shāng chéng

short 短小 duǎn xiǎo

short sleeves 短袖 duǎn xiù

shorts 短裤 duǎn kù

short-sighted [BE] 近视 jìn shì

shoulder 肩膀 jiān bǎng

show v 显示 xiǎn shì

shower 淋浴 lín yù

shrine 寺庙 sì miào

sick 病了 bìng le

side dish 配菜 pèi cài

side effect 副作用 fù zuò yòng

sightseeing 观光 guān guāng

sightseeing tour 观光旅游 guān guāng lǚ yóu

sign v 签字 qiān zì

silk 丝绸 sī chóu

silver 银 yín

single (unmarried) 单身 dān shēn

single bed 单人床 dān rén chuáng

single room 单人房间 dān rén fáng jiān

sink 水槽 shuǐ cáo

sister 姐妹 jiě mèi

sit v 坐下 zuò xià

size 尺寸 chǐ cùn

skin 皮肤 pí fū

skirt 裙子 qún zi

ski 滑雪 huá xuě

ski lift 滑雪缆车 huá xuě lǎn chē

sleep v 睡觉 shuì jiào

sleeper car 卧铺车 wò pù chē

sleeping bag 睡袋 shuì dài

sleeping car [BE] 卧铺车 wò pù chē

slice (of something) 切片 qiē piàn

slippers 拖鞋 tuō xié

slower 更慢 gèng màn

slowly 慢慢地 màn màn de

small 小 xiǎo

smaller 更小 gèng xiǎo

smoke v 吸烟 xī yān

smoking (area) 吸烟区 xī yān qū

snack bar 小吃店 xiǎo chī diàn

sneaker 运动鞋 yùn dòng xié

snorkeling equipment 水下呼吸设备 shuǐ xià hū xī shè bèi

snowboard 滑雪板 huá xuě bǎn

snowshoe 雪靴 xuě xuē

snowy 多雪 duō xuě

soap 肥皂 féi zào

soccer 足球 zú qiú

sock 袜子 wà zi

soother [BE] 橡皮奶嘴 xiàng pí nǎi zuǐ

sore throat 喉咙痛 hóu lóng tòng

sorry 抱歉 bào qiàn

south 南 nán

souvenir 纪念品 jì niàn pǐn

souvenir store 纪念品商店 jì niàn pǐn shāng diàn

spa 温泉 wēn quán

spatula 小铲子 xiǎo chǎn zi

speak v 讲话 jiǎng huà

specialist (doctor) 专家 zhuān jiā

specimen 标本 biāo běn

speeding 超速开车 chāo sù kāi chē

spell v 拼写 pīn xiě

spicy 辣 là

spine (body part) 脊椎 jǐ zhuī

spoon 勺子 sháo zi

sports 体育 tǐ yù

sporting goods store 体育用品商店 tǐ yù yòng pǐn shāng diàn

sports massage 体育按摩 tǐ yù àn mó

sprain 扭伤 niǔ shāng

stadium 体育场 tǐ yù chǎng

stairs 台阶 tái jiē

stamp v (a ticket) 盖印 gài yìn; ~ n (postage) 邮票 yóu piào

start v 开始 kāi shǐ

starter [BE] 开胃菜 kāi wèi cài

station 站 zhàn

statue 雕像 diāo xiàng

stay v 住在 zhù zài

steal v 偷 tōu

steamer 蒸锅 zhēng guō

steep 陡峭 dǒu qiào

sterling silver 纯银 chún yín

sting n 蜇 zhē

stolen 被偷了 bèi tōu le

stomach 胃 wèi

stomachache 胃疼 wèi téng

stop v 住手 zhù shǒu; ~ n 站 zhàn

store directory 商店目录 shāng diàn mù lù

storey [BE] 楼层 lóu céng

stove 炉子 lú zi

straight 直 zhí

strange 奇怪 qí guài

stream 小溪 xiǎo xī

stroller 婴儿推车 yīng ér tuī chē

student 学生 xué shēng

study v 学习 xué xí

stunning 震惊 zhèn jīng

subtitle 副标题 fù biāo tí

subway 地铁 dì tiě

subway station 地铁站 dì tiě zhàn

suit 西服套装 xī fú tào zhuāng

suitcase 手提箱 shǒu tí xiāng

sun 太阳 tài yáng

sunblock 防晒霜 fáng shài shuāng

sunburn 晒伤 shài shāng

sunglasses 太阳镜 tài yáng jìng

sunny 晴朗 qíng lǎng

sunscreen 防晒霜 fáng shài shuāng

sunstroke 中暑 zhòng shǔ

super (fuel) 超级 chāo jí

supermarket 超级市场 chāo jí shì chǎng

supervision 监督 jiān dū

surfboard 冲浪板 chōng làng bǎn

swallow v 吞下 tūn xià

sweater 毛衣 máo yī

sweatshirt 运动衫 yùn dòng shān

sweet (taste) 甜 tián

sweets [BE] 甜点 tián diǎn

swelling 肿胀 zhǒng zhàng

swim v 游泳 yóu yǒng

swimsuit 游泳衣 yóu yǒng yī

symbol (keyboard) 标志 biāo zhì

synagogue 犹太教堂 yóu tài jiào táng

T

table 桌子 zhuō zi

tablet (medicine) 片剂 piàn jì

take v 吃药 chī yào

take away [BE] 拿走 ná zǒu

tampon 月经栓 yuè jīng shuān

taste v 尝尝 cháng chang

taxi 出租车 chū zū chē

team 队 duì

teahouse 茶馆 chá guǎn

teaspoon 茶匙 chá chí

telephone 电话 diàn huà

temple (religious) 寺庙 sì miào

temporary 临时 lín shí

tennis 网球 wǎng qiú

tent 帐篷 zhàng péng

tent peg 帐篷桩 zhàng péng zhuāng

tent pole 帐篷杆 zhàng péng gǎn

terminal (airport) 候机厅 hòu jī tīng

terracotta 赤土陶 chì tǔ táo

terrible 可怕 kě pà

text v (send a message) 发短信 fā duǎn xìn; ~ n (message) 文字 wén zì

thank v 感谢 gǎn xiè

thank you 谢谢 xiè xie

that 那 nà

theater 剧院 jù yuàn

theft 偷窃 tōu qiè

there 那里 nà li

thief 小偷 xiǎo tōu

thigh 大腿 dà tuǐ

thirsty 渴 kě

this 这 zhè

throat 喉咙 hóu lóng

thunderstorm 雷雨 léi yǔ

ticket 票 piào

ticket office 售票处 shòu piào chù

tie (clothing) 领带 lǐng dài

tights [BE] 裤袜 kù wà

time 时间 shí jiān

timetable [BE] 时间表 shí jiān biǎo

tire 轮胎 lún tāi

tired 累了 lèi le

tissue 面巾纸 miàn jīn zhǐ

to go 拿走 ná zǒu

tobacconist 烟草零售商 yān cǎo líng shòu shāng

today 今天 jīn tiān

toe 脚趾 jiǎo zhǐ

toenail 脚趾甲 jiǎo zhǐ jia

toilet [BE] (formal/informal) 洗手间/厕所 xǐ shǒu jiān/ cè suǒ

toilet paper 卫生纸 wèi shēng zhǐ

tomorrow 明天 míng tiān

tongue 舌头 shé tou

tonight 今晚 jīn wǎn

too 太 tài

tooth 牙 yá

toothpaste 牙膏 yá gāo

total (amount) 共计 gòng jì

tough (food) 硬 yìng

tourist 游人 yóu rén

tourist information office 旅游信息办公室 lǚ yóu xìn xī bàn gōng shì

tour 游览 yóu lǎn

tow truck 拖车 tuō chē

towel 毛巾 máo jīn

tower 塔 tǎ

town 镇 zhèn

town hall 市政厅 shì zhèng tīng

town map 市区地图 shì qū dì tú

town square 市中心广场 shì zhōng xīn guǎng chǎng

toy 玩具 wán jù

toy store 玩具店 wán jù diàn

track (train) 铁轨 tiě guǐ

traditional 传统 chuán tǒng

traffic light 红绿灯 hóng lǜ dēng

trail 山路小径 shān lù xiǎo jìng

trail map 山路图 shān lù tú

train 火车 huǒ chē

train station 火车站 huǒ chē zhàn

transfer v (change trains/flights) 转 zhuǎn; ~ v (money) 转账 zhuǎn zhàng

translate v 翻译 fān yì

trash 垃圾 lā jī

travel agency 旅行社 lǚ xíng shè

travel sickness 晕动病 yūn dòng bìng

traveler's check 旅行支票 lǚ xíng zhī piào

traveller's cheque [BE] 旅行支票 lǚ xíng zhī piào

tree 树 shù

trim (hair cut) 剪 jiǎn

trip 旅程 lǚ chéng

trolley [BE] 电车 diàn chē

trousers [BE] 长裤 cháng kù

T-shirt T恤衫 T xù shān

turn off (lights) 关 guān

turn on (lights) 开 kāi

TV 电视 diàn shì

type v 打字 dǎ zì

tyre [BE] 轮胎 lún tāi

U

United Kingdom (U.K.) 英国 yīng guó

United States (U.S.) 美国 měi guó

ugly 难看 nán kàn

umbrella 伞 sǎn

unattended 无人看管 wú rén kān guǎn

unconscious 没有知觉 méi yǒu zhī jué

underground [BE] 地下 dì xià

underground station [BE] 地铁站 dì tiě zhàn

underpants [BE] 内裤 nèi kù

underwear 内衣 nèi yī

unemployed 失业者 shī yè zhě

university 大学 dà xué

unleaded (gas) 无铅 wú qiān

upper 上部 shàng bù

upset stomach 肠胃不适 cháng wèi bú shì

urgent 迫切 pò qiè

urine 尿 niào

use v 使用 shǐ yòng

username 用户名 yòng hù míng

utensil 器皿 qì mǐn

V

vacancy 有空房 yǒu kōng fáng

vacation 休假 xiū jià

vaccination 接种 jiē zhòng

vacuum cleaner 吸尘器 xī chén qì

vagina 阴道 yīn dào

vaginal infection 阴道传染 yīn dào chuán rǎn

valid 合法 hé fǎ

valley 河谷 hé gǔ

valuable 贵重的 guì zhòng de

value 价值 jià zhí

vegetarian 素食者 sù shí zhě

vehicle registration 车辆注册 chē liàng zhù cè

viewpoint [BE] 观点 guān diǎn

village 村庄 cūn zhuāng

vineyard 葡萄园 pú táo yuán

visa 签证 qiān zhèng

visit v 参观 cān guān

visiting hours 探病时间 tàn bìng shí jiān

visually impaired 弱视者 ruò shì zhě

vitamin 维生素 wéi shēng sù

V-neck V领 v lǐng

volleyball game 排球赛 pái qiú sài

vomit v 呕吐 ǒu tù

W

wait v 等待 děng dài; ~ n 等候时间 děng hòu shí jiān

waiter 服务员 fú wù yuán

waiting room 候诊室 hòu zhěn shì

waitress 女服务员 nǚ fú wù yuán

wake v 醒 xǐng

wake-up call 叫醒服务 jiào xǐng fú wù

walk v 走 zǒu; ~ n 步行 bù xíng

walking route 步行路线 bù xíng lù xiàn

wall clock 挂钟 guà zhōng

wallet 钱包 qián bāo

war memorial 战争纪念馆 zhàn zhēng jì niàn guǎn

warm v (something) 温暖 wēn nuǎn; ~ adj (temperature) 暖和 nuǎn huo

washing machine 洗衣机 xǐ yī jī

watch 手表 shǒu biǎo

water skis 滑水板 huá shuǐ bǎn

waterfall 瀑布 pù bù

weather 天气 tiān qì

week 星期 xīng qī

weekend 周末 zhōu mò

weekly 每周 měi zhōu

welcome v 欢迎 huān yíng

well-rested 休息得很好 xiū xī dé hěn hǎo

west 西部 xī bù

what 什么 shén me

wheelchair 轮椅 lún yǐ

wheelchair ramp 轮椅道 lún yǐ dào

when 什么时候 shén me shí hòu

where 哪里 nǎ li

white 白色 bái sè

who 谁 shuí/shéi

widowed 寡居 guǎ jū

wife 妻子 qī zi

window 窗 chuāng

window case 橱窗 chú chuāng

wine list 酒类表 jiǔ lèi biǎo

wireless internet 无线互联网 wú xiàn hù lián wǎng

wireless internet service 无线互联网服务 wú xiàn hù lián wǎng fú wù

wireless phone 手机 shǒu jī

with 跟 gēn

withdraw v 退出 tuì chū

withdrawal (bank) 取钱 qǔ qián

without 没有 méi yǒu

wok 炒锅 chǎo guō

woman 妇女 fù nǚ

wool 羊毛 yáng máo

work v 工作 gōng zuò

wrap v (a package) 包 bāo

wrist 手腕 shǒu wàn

write v 写 xiě

Y

year 年 nián

yellow 黄色 huáng sè

yes 是 shì

yesterday 昨天 zuó tiān

young 年轻 nián qīng

you're welcome 没关系 méi guān xi

youth hostel 青年旅舍 qīng nián lǚ shè

yuan 元 yuán

Z

zoo 动物园 dòng wù yuán

MANDARIN–ENGLISH

A

ā sī pǐ lín 阿斯匹林 aspirin
ài 爱 love
ài ěr lán 爱尔兰 Ireland
ài ěr lán rén 爱尔兰人 Irish
ài zī bìng 爱滋病 AIDS
ān jiǎn 安检 security
ān jìng 安静 quiet
ān quán 安全 safe (protected)
àn 按 v push
àn mó 按摩 massage
āng zāng 肮脏 dirty
áng guì 昂贵 expensive
ào dà lì yà rén 澳大利亚人 Australian

B

bā léi 芭蕾 ballet
bá 拔 v extract (tooth)
bái sè 白色 white
bǎi huò shāng diàn 百货商店 department store
bàn 半 half
bàn gōng jīn 半公斤 half-kilo
bàn gōng shì 办公室 office
bàn gōng shí jiān 办公时间 office hours
bàn lǐ dēng jī shǒu xù 办理登机手续 check-in (airport)
bàn rù zhù 办入住 check-in (hotel)
bàn xiǎo shí 半小时 half hour

bāng zhù 帮助 help
bàng 磅 pound (weight)
bàng qiú 棒球 baseball
bāo 包 v wrap (a package)
bāo guǒ 包裹 package
bāo kuò 包括 v include
bǎo xiān mó 保鲜膜 plastic wrap [cling film BE]
bǎo xiǎn 保险 insurance
bǎo xiǎn gōng sī 保险公司 insurance company
bǎo xiǎn guì 保险柜 safe (thing)
bǎo xiǎn kǎ 保险卡 insurance card
bǎo cún 保存 v save (on a computer)
bǎo mǔ 保姆 babysitter
bào guāng 曝光 exposure (film)
bào qiàn 抱歉 sorry
bào tān 报摊 newsstand
bào zhǐ 报纸 newspaper
bēi bāo 背包 backpack
bēi zi 杯子 cup
běi bù 北部 north
bèi bù 背部 back (body part)
bèi qiǎng le 被抢了 robbed
bèi tōu le 被偷了 stolen
bēng dài 绷带 bandage
bí zi 鼻子 nose
bǐ 笔 pen

bǐ jī ní yǒng zhuāng 比基尼泳装 bikini

bǐ jì 笔记 bill [note *BE*]

bǐ sà diàn 比萨店 pizzeria

bì yùn tào 避孕套 condom

biàn gēng lù xiàn 变更路线 alternate route

biàn mì 便秘 constipated

biàn yā qì 变压器 adapter

biāo běn 标本 specimen

biāo zhì 标志 symbol (keyboard)

biǎo gé 表格 form (fill-in)

bié zhēn 别针 brooch

bīng 冰 ice

bīng lěng 冰冷 icy

bīng qiú 冰球 ice hockey

bīng xiāng 冰箱 refrigerator

bìng 病 sick [ill *BE*]

bō hào 拨号 *v* dial

bō li 玻璃 glass (material)

bō li bēi 玻璃 glass (drinking)

bō li tiáo liào píng 玻璃调料瓶 carafe

bó jīn 铂金 platinum

bó wù guǎn 博物馆 museum

bó zǐ 脖子 neck

bú/bù 不 no

bú guì 不贵 inexpensive

bú xiàn shǐ yòng cì shù de 不限使用次数的 multiple-trip (ticket)

bǔ yǎng 哺养 *v* feed

bù fen 部分 portion

bù jiàn 部件 part (for car)

bù luò fēn 布洛芬 ibuprofen

bù xíng 步行 *n* walk

bù xíng lù xiàn 步行路线 walking route

C

cā 擦 mop

cài dān 菜单 menu

cān guān 参观 *v* visit

cān guǎn 餐馆 restaurant

cān jīn 餐巾 napkin

cán jí 残疾 handicapped [disabled *BE*]

cán ji rén tōng dào 残疾人通道 handicapped- [disabled-*BE*] accessible

cāng 舱 cabin

cāo chǎng 操场 playground

CD CD CD

cè liáng 测量 *v* measure (someone)

chā cuò 差错 mistake

chā rù 插入 *v* insert (on an ATM)

chā zi 叉子 fork

chá chí 茶匙 teaspoon

chá guǎn 茶馆 teahouse

chái yóu 柴油 diesel

cháng 长 long

cháng chang 尝尝 *v* taste

cháng kù 长裤 pants [trousers *BE*]

cháng wèi bú shì 肠胃不适 upset stomach

cháng xiù zi 长袖子 long sleeves

cháng zi 肠子 intestine

chāo guò 超过 excess

chāo jí 超级 super (fuel)

chāo jí shì chǎng 超级市场 supermarket

chāo sù kāi chē 超速开车 speeding

chǎo guō 炒锅 wok

chē kù 车库 garage

chē liàng zhù cè 车辆注册 vehicle registration

chén liè chú 陈列橱 display case

chèn shān 衬衫 shirt

chéng bǎo 城堡 castle

chéng kè 乘客 passenger

chī 吃 v eat

chī yào 吃药 v take medicine

chí táng 池塘 pond

chǐ cùn 尺寸 size

chì tǔ táo 赤土陶 terracotta

chōng diàn 充电 v recharge

chōng làng bǎn 冲浪板 surfboard

chōng xuè 充血 congestion

chóng fù 重复 v repeat

chóng yǎo 虫咬 insect bite

chóng zi 虫子 bug

chū gù zhàng 出故障 breakdown

chū kǒu 出口 n exit

chū nà yuán 出纳员 cashier

chū qù 出去 v exit

chū xí 出席 v attend

chū xué zhě 初学者 beginner (skill level)

chū zū chē 出租车 rental car, taxi

chū zū qì chē 出租汽车 car rental [hire BE]

chú chuāng 橱窗 window case

chú fáng 厨房 kitchen

chú fáng xī zhǐ 厨房锡纸 aluminum [kitchen BE] foil

chǔ fāng yào 处方药 prescription

chǔ xù 储蓄 savings (account)

chuán rǎn 传染 infected

chuán rǎn de 传染的 contagious

chuán sòng dài 传送带 conveyor belt

chuán tǒng 传统 traditional

chuán zhēn 传真 n fax

chuán zhēn hào 传真号 fax number

chuāng 窗 window

chuáng 床 bed

chuáng dān 床单 sheet

chuǎng rù 闯入 break-in (burglary)

chuī fēng jī 吹风机 hair dryer

chuí zi 锤子 hammer

chún yín 纯银 sterling silver

cí qì 瓷器 china

cūn zhuāng 村庄 village

cún chǔ kǎ 存储卡 memory card

cún qián 存钱 v deposit

cuò guò 错过 missing

D

dā chē 搭车 v hitchhike

dǎ diàn hào mǎ 电话号码 phone number

dǎ bāo 打包 v pack

dǎ diàn huà 打电话 v call

dǎ huǒ jī 打火机 lighter

dǎ kāi 打开 v open

dǎ rǎo 打扰 v bother

dǎ yìn 打印 v print

dǎ zì 打字 v type

dà 大 big

dà jiào táng 大教堂 cathedral

dà shà 大厦 building

dà tuǐ 大腿 thigh

dà xué 大学 university

dài bàn chù 代办处 agency

dài lái 带来 v bring

dài zǎo cān de lǚ diàn 带早餐的旅店 bed and breakfast

dài zi 袋子 bag

dān chéng 单程 one-way (ticket)

dān dú 单独 alone

dān rén chuáng 单人床 single bed

dān rén fáng jiān 单人房间 single room

dān shēn 单身 single (unmarried)

dān xíng dào 单行道 one-way street

dāng dì 当地 local

dāo zi 刀子 knife

dǎo máng quǎn 导盲犬 guide dog

dào dá 到达 v arrive

dào kōng 倒空 v empty

dào lù 道路 path

dēng 灯 light (overhead)

dēng jī 登机 v board

dēng jī mén 登机门 gate (airport)

dēng jī pái 登机牌 boarding pass

dēng lù 登录 log on

děng dài 等待 v wait

děng hòu shí jiān 等候时间 n wait

dī 滴 drop (medicine)

dī 低 low

dǐ dá 抵达 arrivals (airport)

dì bǎn 地板 floor

dì tiě 地铁 subway [underground BE]

dì tiě zhàn 地铁站 subway [underground BE] station

dì tú 地图 n map

dì zhǐ 地址 address

dié zi 碟子 dish (kitchen)

diān xián 癫痫 epileptic

diǎn 点 light (cigarette)

diǎn cài 点菜 v order

diǎn xīn diàn 点心店 pastry shop

diàn 垫 sanitary napkin [pad BE]

diàn chā zuò 电插座 electric outlet

diàn chē 电车 trolley

diàn chí 电池 battery

diàn dēng pào 电灯泡 lightbulb

diàn dòng zì xíng chē 电动自行车 moped

diàn fàn guō 电饭锅 rice cooker

diàn huà 电话 telephone, phone call

diàn huà hào mǎ 电话号码 phone

diàn huà kǎ 电话卡 phone card

diàn shàn 电扇 fan (appliance)

diàn shì 电视 TV

diàn tī 电梯 elevator [lift BE]

diàn yǐng 电影 movie

diàn yǐng yuàn 电影院 movie theater

diàn yóu dì zhǐ 电邮地址 e-mail address

diàn zǐ piào 电子票 e-ticket

diàn zǐ yóu jiàn 电子邮件 n e-mail

diāo kè 雕刻 v engrave

diāo xiàng 雕像 statue

diū shī 丢失 v lose (something)

dōng bù 东部 east

dòng 洞 cave

dòng mài 动脉 artery

dòng wù 动物 animal

dòng wù yuán 动物园 zoo

dǒu qiào 陡峭 steep

dòu rén xǐ ài 逗人喜爱 cute

dú yào 毒药 poison

dǔ bó yú lè chǎng 赌博娱乐场 casino

dù 度 degrees (temperature)

duǎn kù 短裤 shorts

duǎn xiǎo 短小 short

duǎn xiù 短袖 short sleeves

duàn 断 v break (tooth)

duàn kāi 断开 disconnect (computer)

duì 队 team

duì fāng fù fèi diàn huà 对方付费电话 v call collect [reverse (the charges) BE]

duì huàn 兑换 v exchange (money)

duì huàn lǜ 兑换率 exchange rate

duì xiàn jīn 兑现金 v cash

dùn 炖 stewed

duō shǎo 多少 how much

duō xuě 多雪 snowy

duō yǔ 多雨 rainy

DVD DVD DVD

E

é wài 额外 extra

ě xin 恶心 nauseous

ér kē yī shēng 儿科医生 pediatrician

ér tóng cài dān 儿童菜单 children's menu

ér tóng fàn liàng 儿童饭量 children's portion

ér tóng yóu yǒng chí 儿童游泳池 kiddie [paddling BE] pool

ér tóng zuò yǐ 儿童座椅 child's seat

ěr duo 耳朵 ear

ěr duo téng 耳朵疼 earache

ěr huán 耳环 earrings

ěr jī 耳机 headphones

F

fā chuán zhēn 发传真 v fax

fā diàn yóu 发电邮 v e-mail

fā duǎn xìn 发短信 v text (send a message)

fā huò piào 发货票 invoice

fā shāo 发烧 fever

fā yīn 发音 v pronounce

fá kuǎn 罚款 fine (fee)

fà jiāo 发胶 gel (hair)

fà láng 珐琅 enamel (jewelry)

fà láng 发廊 hair salon

fà xíng 发型 hairstyle

fà xíng shī 发型师 hairstylist

fān yì 翻译 v translate

fǎn huán 返还 round-trip [return BE]

fàn 饭 meal

fàn tīng 饭厅 dining room

fāng xiàng 方向 direction

fāng xiāng liáo fǎ 芳香疗法 aromatherapy

fáng huǒ mén 防火门 fire door

fáng jiān 房间 room

fáng jiān yào shi 房间钥匙 room key

fáng shài shuāng 防晒霜 sunblock

fáng zi 房子 house

fēi chǔ fāng yào 非处方药 over the counter [unbranded BE] (medication)

fēi jī 飞机 airplane

fēi jī chǎng 飞机场 airport

féi zào 肥皂 soap

fěi cuì 翡翠 jade

fèi 肺 lung

fèi xū 废墟 ruins

fèi yòng 费用 fee

fēn jī 分机 extension (phone)

fēn jū 分居 separated (marriage)

fēn zhōng 分钟 minute

fěn hóng sè 粉红色 pink

fēng lì 锋利 sharp

fú wù 服务 service (in a restaurant)

fú wù tái 服务台 reservation desk

fú wù yuán 服务员 waiter

fú zhuāng diàn 服装店 clothing store

fǔ shì 俯视 overlook (scenic place)

fù biāo tí 副标题 subtitle

fù chǎn kē yī shī 妇产科医师 gynecologist

fù jiā fèi 附加费 cover charge

fù jìn 附近 near

fù nǚ 妇女 woman

fù qīn 父亲 father

fù xiè 腹泻 diarrhea

fù yìn jiàn 复印件 photocopy

fù zuò yòng 副作用 side effect

G

gǎi 改 v alter (clothing)

gài yìn 盖印 v stamp (a ticket)

gān jìng 干净 adj clean

gān xǐ diàn 干洗店 dry cleaner

gān zàng 肝脏 liver (body part)

gǎn mào 感冒 cold (sickness)

gǎn shí jiān 赶时间 rush

gǎn xiè 感谢 v thank

gāo 高 high

gāo ěr fū qiú bǐ sài 高尔夫球比赛 golf tournament

gāo ěr fū qiú chǎng 高尔夫球场 golf course

gāo jiǎo yǐ 高脚椅 highchair

gāo sù gōng lù 高速公路 highway [motorway BE]

gē bo 胳膊 arm

gē jù 歌剧 opera

gē jù yuàn 歌剧院 opera house

gé yè 隔夜 overnight

gè rén mì mǎ 个人密码 personal identification number (PIN)

gěi 给 v give

gēn 跟 with

gèng dī 更低 lower

gèng duō 更多 more

gèng hǎo 更好 better

gèng kuài 更快 faster

gèng màn 更慢 slower

gèng pián yi 更便宜 cheaper

gèng xiǎo 更小 smaller

gèng zǎo 更早 earlier

gōng diàn 宫殿 palace

gōng gòng 公共 public

gōng gòng qì chē 公共汽车 bus

gōng gòng qì chē piào 公共汽车票 bus ticket

gōng gòng qì chē yóu lǎn 公共汽车游览 bus tour

gōng gòng qì chē zhàn 公共汽车站 bus station, bus stop

gōng jī 攻击 attack (on person)

gōng jīn 公斤 kilo(gram)

gōng lǐ 公里 kilometer

gōng shēng 公升 liter

gōng yòng diàn huà 公用电话 pay phone

gōng yù 公寓 apartment

gōng yuán 公园 n park

gōng zuò 工作 v work

gǒng láng ér tóng yóu xì chǎng 拱廊 儿童游戏场 arcade

gòng jì 共计 total (amount)

gòu 够 v reach

gòu wù 购物 shop

gòu wù lán zǐ 购物篮子 basket (grocery store)

gòu wù qū 购物区 shopping area

gòu wù zhōng xīn 购物中心 shopping mall [centre BE]

gǔ diǎn yīn yuè 古典音乐 classical music

gǔ dǒng diàn 古店 antiques store

gǔ tou 骨头 bone

gù dìng jià gé cài dān 价格固定的菜单 fixed-price menu

gù wèn 顾问 consultant

gù yòng 雇用 v rent [hire BE]

guǎ jū 寡居 widowed

guà hào xìn 挂号信 registered mail

guà zhōng 挂钟 wall clock

guǎi jiǎo chù 拐角处 around (the corner)

guān 关 turn off (lights)

guān bì 关闭 closed

guān diǎn 观点 overlook [viewpoint BE]

guān guāng 观光 sightseeing

guān guāng lǚ yóu 观光旅游 sightseeing tour

guān jié 关节 joint (body part)

guān jié yán 关节炎 arthritis

guān mén 关门 v close (a shop)

guān shuì 关税 duty (tax)

guān xì 关系 relationship

guàn 罐 pot

guàn zhuāng shí pǐn 罐装食品 canned good

guàn zi 罐子 jar

guī huán 归还 v return

guì zhòng de 贵重的 valuable

guó jí 国籍 nationality

guó jì 国际 international (airport area)

guó jì háng bān 国际航班 international flight

guó jì xué shēng zhèng 国际学生证 international student card

guó jiā dài hào 国家代号 country code

guó nèi 国内 domestic

guó nèi háng bān 国内航班 domestic flight

guò dào 过道 aisle

guò mǐn 过敏 allergic

guò mǐn fǎn yìng 过敏反应 allergic reaction

guò shú 过熟 overdone

H

hǎi 海 sea

hǎi guān 海关 customs

hǎi tān 海滩 beach

hái zi 孩子 child

hǎn jiàn 罕见 rare (object)

háng bān 航班 flight

háng kōng gōng sī 航空公司 airline

háng kōng xìn 航空信 airmail

hǎo 好 good, nice, OK

hē 喝 v drink

hé 河 river

hé fǎ 合法 valid

hé gǔ 河谷 valley

hè sè 褐色 brown

hēi àn 黑暗 dark

hēi sè 黑色 black

hóng lǜ dēng 红绿灯 traffic light

hóng sè 红色 red

hóu lóng 喉咙 throat

hóu lóng tòng 喉咙痛 sore throat

hòu jī tīng 候机厅 terminal (airport)

hòu mian 后面 behind (direction)

hòu zhěn shì 候诊室 waiting room

hū xī 呼吸 v breathe

hú 湖 lake

hù fà sù 护发素 conditioner

hù lián wǎng 互联网 internet

hù lián wǎng fú wù 互联网服务 internet service

hù shi 护士 nurse

hù zhào 护照 passport

hù zhào guǎn zhì 护照管制 passport control

huā 花 flower

huā fèi 花费 v cost

huā fěn zhèng 花粉症 hay fever

huá shuǐ bǎn 滑水板 water skis

huá tǐng 划艇 rowboat

huá xuě 滑雪 ski

huá xuě bǎn 滑雪板 snowboard

huá xuě gǎn 滑雪杆 poles (skiing)

huá xuě lǎn chē 滑雪缆车 ski lift

huà zhuāng rǔ yè 化妆乳液 lotion

huái yùn 怀孕 pregnant

huài le 坏了 damaged

huān yíng 欢 v welcome

huàn chē 换车 v change (buses)

huàn dì fang 换地方 n exchange (place)

huàn niào bù 换尿布 n change (baby)

huàn qián 换钱 v change (money)

huáng sè 黄色 yellow

huī sè 灰色 gray

huí shōu 回收 recycling

huì yì 会议 conference, meeting

huì yì shì 会议室 meeting room

huì yì tīng 会议厅 convention hall

huì yuán zhèng 会员证 membership card

huǒ 火 fire

huǒ chái 火柴 *n* match (sports)

huǒ chē zhàn 火车站 train [railway *BE*] station

huǒ chē 火车 train

huò bì 货币 currency

huò bì duì huàn 货币兑换 currency exchange

huò bì duì huàn jú 货币兑换局 currency exchange office

J

jī è 饥饿 hungry

jī ròu 肌肉 muscle

jǐ zhuī 脊椎 spine (body part)

jì gōng 技工 mechanic

jì huà shēng yù yào piàn 计划生育药片 Pill (birth control)

jì niàn guǎn 纪念馆 memorial (place)

jì niàn pǐn 纪念品 souvenir

jì niàn pǐn shāng diàn 纪念品商店 souvenir store

jì shí qì 计时器 meter (parking)

jí shí xùn xī 即时讯息 instant message

jì suàn jī 计算机 computer

jiā dà hào 加大号 plus size

jià gé 价格 price

jiá kè 夹克 jacket

jiā ná dà 加拿大 Canada

jiā ná dà rén 加拿大人 Canadian

jiā rè 加热 heat

jiā rè qì 加热器 heater

jià rì 假日 vacation [holiday *BE*]

jiā rù 加入 *v* join

jiā tíng 家庭 family

jiā yòng wù pǐn 家用物品 household good

jiā yóu zhàn 加油站 gas [petrol *BE*] station

jiǎ yá 假牙 denture

jià zhí 价值 value

jiān bǎng 肩膀 shoulder

jiān dū 监督 supervision

jiān guō 煎锅 frying pan

jiān zhí 兼职 part-time

jiǎn 剪 *v* cut (hair)

jiǎn chá 检查 *v* check (something)

jiǎn dāo 剪刀 scissors

jiàn 件 case (amount)

jiàn kāng 健康 health

jiàn kāng shí pǐn shāng diàn 健康食品商店 health food store

jiàn miàn 见面 *v* meet (someone)

jiǎng huà 讲话 *v* speak

jiāo huàn 交换 *v* exchange (goods)

jiāo juǎn 胶卷 film (camera)

jiāo xiǎo 娇小 petite

jiǎo 脚 foot

jiǎo wàn 脚腕 ankle

jiǎo zhǐ 脚趾 toe

jiào shǎo 较少 less

jiào táng 教堂 church

jiào xǐng fú wù 叫醒服务 wake-up call

jiē shòu 接受 v receive

jiē zhòng 接种 vaccination

jié hūn 结婚 v marry

jié shù 结束 v end

jiě mèi 姐妹 sister

jiè jì kǎ 借记卡 debit card

jiè shào 介绍 v introduce

jiè zhi 戒指 ring

jīn tiān 今天 today

jīn wǎn 今晚 tonight

jīn zi 金子 gold

jǐn jí chū kǒu 紧急出口 emergency exit

jǐn jí zhuàng tài 紧急状态 emergency

jìn 近 close

jìn rù 进入 v enter, access

jìn yān 禁烟 non-smoking

jìn zhǐ 禁止 v prohibit

jīng jì cāng 经济舱 economy class

jīng lǐ 理 manager

jīng qī fù tòng 经期腹痛 menstrual cramp

jǐng chá 警察 police

jǐng chá jú 警察局 police station

jǐng chá bào gào 警察报告 police report

jǐng tài lán 景泰蓝 cloisonné

jìng piàn 镜片 lens

jiǔ bā 酒吧 bar (place)

jiǔ diàn 酒店 liquor store [off-licence *BE*]

jiù hù chē 救护车 ambulance

jiǔ lèi biǎo 酒类表 wine list

jiù shēng yī 救生衣 life jacket

jiù shēng yuán 救生员 lifeguard

jū zhù 居住 v live

jú sè 桔色 orange (color)

jù jué 拒绝 v decline (credit card)

jù lè bù 俱乐部 club

jù yuàn 剧院 theater

jué shì yuè 爵士乐 jazz

jué shì yuè jù lè bù 爵士乐俱乐部 jazz club

K

kā fēi diàn 咖啡店 coffee shop

kǎ 卡 card

kǎ lù lǐ 卡路里 calorie

kāi 开 turn on (lights)

kāi chē 开车 v drive

kāi chǔ fāng 开处方 v prescribe

kāi fù kuǎn dān 开付款单 v bill (charge)

kāi guàn qì 开罐器 can opener

kāi sāi zuàn 开塞钻 corkscrew

kāi shǐ 开始 *v* begin

kāi shǐ 开始 *v* start

kāi wèi cài 开胃菜 appetizer [starter *BE*]

kāi zhe 开着 *adj* open

kàn 看 *v* look

kàn jiàn 看见 *v* see

kàng shēng sù 抗生素 antibiotic

kǎo ròu 烤肉 barbecue

kào guò dào de wèi zi 靠过道的位子 aisle seat

kē lóng xiāng shuǐ 科隆香水 cologne

kē xué 科学 science

ké sou 咳嗽 cough

kě kǒu 可口 delicious

kě pà 可怕 terrible

kě 渴 thirsty

kè 克 gram

kè cāng 客舱 cabin

kè chéng 课程 lesson

kè fáng qīng jié fú wù 客房清洁服务 housekeeping services

kè fáng sòng cān fú wù 客房送餐服务 room service

kōng tiáo 空调 air conditioning

kǒu dài 口袋 pocket

kǒu xiāng táng 口香糖 chewing gum

kǒu yì yuán 口译员 interpreter

kù wà 裤袜 pantyhose [tights *BE*]

kuài 快 express

kuài cān 快餐 fast food

kuài sù 快速 fast

kuài zi 筷子 chopsticks

kùn nan 困难 difficult

L

lā *v* pull

lā jī 垃圾 trash [rubbish *BE*]

lā jī dài 垃圾袋 garbage [rubbish *BE*] bag

là 辣 hot (spicy)

lái 来 *v* come

lán sè 蓝色 blue

lán qiú 篮球 basketball

lǎn chē 缆车 cable car

lǎn chē piào 缆车票 lift pass

làng màn 浪漫 romantic

lǎo 老 old

lǎo nián rén 老年人 senior citizen

lè qù 乐趣 pleasure

léi yǔ 雷雨 thunderstorm

lèi gǔ 肋骨 rib (body part)

lèi le 累了 tired

lěng 冷 cold (temperature)

lěng dòng jī 冷冻机 freezer

lí hūn 离婚 *v* divorce

lí kāi 离开 departures

lí mǐ 厘米 centimeter
lǐ bài 礼拜 mass (church service)
lǐ chéng shù 里程数 mileage
lǐ fà 理发 haircut
lǐ fà shī 理发师 barber
lǐ jiě 理解 v understand
lǐ pǐn diàn 礼品店 gift shop
lǐ wù 礼物 gift
lián jiē 连接 v connect (internet)
lián xì 联系 v contact
lián yi qún 连衣裙 dress (piece of clothing)
liáng 凉 cool (temperature)
liáng bēi 量杯 measuring cup
liáng chí 量匙 measuring spoon
liáng xié 凉鞋 sandals
lín shí 临时 temporary
lín yù 淋浴 shower
líng qián 零钱 v change (money)
lǐng dài 领带 tie (clothing)
lǐng shì guǎn 领事馆 consulate
lìng rén jīng qí de 令人惊奇的 amazing
liú dòng xìng 流动性 mobility
liú xíng yīn yuè 流行音乐 pop music
liú xuè 流血 v bleed
lóng 聋 deaf
lóu céng 楼层 floor [storey BE]
lú zi 炉子 stove

lù quán 路权 right of way
lù xiàn 路线 route
lù xiàn tú 路线图 road map
lù yíng 露营 v camp
lù yíng dì 露营地 campsite
lù yíng lú 露营炉 camping stove
lún dù 轮渡 ferry
lún tāi 轮胎 tire [tyre BE]
lún yǐ 轮椅 wheelchair
lún yǐ dào 轮椅道 wheelchair ramp
lǚ chéng 旅程 trip
lǚ guǎn 旅馆 hotel
lǚ xíng shè 旅行社 travel agency
lǚ xíng zhī piào 旅行支票 travelers check [cheque BE]
lǚ yóu xìn xī bàn gōng shì 旅游信息办公室 tourist information office
lǚ shè 旅舍 hostel
lǜ sè 绿色 green
lǜ shī 律师 lawyer

M

má zuì 麻醉 anesthesia
mǎi 买 v buy
mài 卖 v sell
mài huā rén 卖花人 florist
màn màn de 慢慢地 slowly
máng cháng 盲肠 appendix (body part)
máo jīn 毛巾 towel
máo yī 毛衣 sweater

mào zi 帽子 hat

méi guān xi 没关系 you're welcome

méi shén me 没什么 nothing

méi yǒu 没有 without

méi yǒu zhī jué 没有知觉 unconscious

měi 每 every

měi tiān 每天 per day

měi wǎn 每晚 per night

měi xiǎo shí 每小时 per hour

měi xīng qī 每星期 per week

měi zhōu 每周 weekly

měi guó 美国 United States (U.S.)

měi guó rén 美国人 American

měi jiǎ shā lóng 美甲沙龙 nail salon

měi lì 美丽 beautiful

měi yuán 美元 dollar (U.S.)

mǐ huáng sè 米黄色 beige

mì mǎ 密码 password

mián hua 棉花 cotton

miǎn fèi 免费 free

miǎn shuì 免税 duty-free

miàn bāo diàn 面包店 bakery

miàn bù 面部 facial

miàn jīn zhǐ 面巾纸 tissue

miàn kǒng 面孔 face

mín jiān yīn yuè 民间音乐 folk music

míng piàn 名片 business card

míng tiān 明天 tomorrow

míng xìn piàn 明信片 postcard

míng zì 名字 name

mó sī 摩丝 mousse (hair)

mó tuō chē 摩托车 motorcycle

mǔ qīn 母亲 mother

mǔ rǔ wèi yǎng 母乳喂养 breastfeed

mù tàn 木炭 charcoal

N

ná zǒu 拿走 to go [take away BE]

nǎ lǐ 哪里 where

nà 那 that

nà lǐ 那里 there

nǎi fěn 奶粉 formula (baby)

nǎi píng 奶瓶 baby bottle

nán 南 south

nán hái 男孩 boy

nán kàn 难看 ugly

nán nèi kù 男内裤 briefs (clothing)

nán péng you 男朋友 boyfriend

nán rén 男人 man

nán tóng xìng liàn 男同性 恋 gay

nán tóng xìng liàn jiǔ bā 男同 性恋酒吧 gay bar

nán tóng xìng liàn jù lè bù 男 同性恋俱乐部 gay club

nèi kù 内裤 underwear [underpants BE]

nǐ hǎo 你好 hello

nián 年 year

nián líng 年龄 age
nián qīng 年轻 young
niǎo 鸟 bird
niào 尿 urine
niào bù 尿布 diaper [nappy BE]
niú zǎi kù 牛仔裤 jeans
niǔ shāng 扭伤 sprain
nóng chǎn pǐn 农产品 produce
nóng chǎn pǐn shāng diàn 农产品商店 produce store
nóng chǎng 农场 farm
nuǎn huo 暖和 adj warm (temperature)
nuǎn qì 暖气 heat [heating BE]
nǚ chèn shān 女衬衫 blouse
nǚ fú wù yuán 女服务员 waitress
nǚ hái 女孩 girl
nǚ péng you 女朋友 girlfriend

O

ǒu tù 呕吐 v vomit

P

pái qiú sài 排球赛 volleyball game
pán zi 盘子 plate
páng guāng 膀胱 bladder
pǎo mǎ chǎng 跑马场 racetrack
pèi cài 配菜 side dish

pèi yào fāng 配药方 v fill [make up BE] (a prescription)
pēn fà jì 喷发剂 hairspray
pēn quán 喷泉 fountain
pēng tiáo 烹调 v cook
pēng tiáo méi qì 烹调煤气 cooking gas
péng you 朋友 friend
pí dài 皮带 belt
pí fū 皮肤 skin
pí gé 皮革 leather
pí zhěn 皮疹 rash
pì gu 屁股 buttocks
pián yi 便宜 cheap
piàn 片 piece
piàn jì 片剂 tablet (medicine)
piào 票 ticket
pīn xiě 拼写 v spell
pín xuè 贫血 anemic
píng 瓶 bottle
píng dǐ guō 平底锅 saucepan
píng qǐ zi 瓶启子 bottle opener
pò le 破了 broken
pò qiè 迫切 urgent
pú táo yuán 葡萄园 vineyard
pǔ tōng 普通 regular
pù bù 瀑布 waterfall
pù wèi 铺位 berth

Q

qī zi 妻子 wife
qī jiān 期间 period (of time)
qī qì 漆器 lacquerware

qí guài 奇怪 strange

qǐ fēi 起飞 v leave

qì tǒng 气筒 air pump

qì chuǎn 气喘 asthmatic

qì chē 汽车 car

qì chē zhàn 汽车站 bus station

qì chē zuò wèi 汽车座位 car seat

qì chuán 汽船 motor boat

qì yóu 汽油 gas [petrol BE]

qì mǐn 器皿 utensil

qiān yǐn lǎn chē 牵引缆车 drag lift

qiān zhèng 签证 visa

qiān zì 签字 v sign

qián 钱 money

qián bāo 钱包 purse, wallet

qián shuǐ 潜水 v dive

qián shuǐ yòng jù 潜水用具 diving equipment

qiáng jiān 强奸 rape

qiǎng 抢 v mug

qiǎng duó 抢夺 v rob

qiáo liáng 桥梁 bridge

qiào bì 峭壁 cliff

qiē piàn 切片 slice (of something)

qīn wěn 亲吻 v kiss

qīng biàn xiǎo chuáng 轻便小床 cot

qīng biàn zhé dié tǎng yǐ 轻便折叠躺椅 deck chair

qīng chú 清除 v clear (on an ATM)

qīng jié chǎn pǐn 清洁产品 cleaning product

qīng jié chǎn pǐn gōng yìng 清洁产品供应 cleaning supplies

qīng méi sù 青霉素 penicillin

qīng nián lǚ shè 青年旅舍 youth hostel

qīng xǐ 清洗 v clean

qīng zhēn shí pǐn 清真食品 halal

qīng zhēn sì 清真寺 mosque

qíng lǎng 晴朗 sunny

qǐng 请 please

qiú pāi 球拍 racket (sports)

qū gùn qiú 曲棍球 hockey

qū hà 区号 area code

qū yù 区域 region

qǔ 取 pick up (something)

qǔ qián 取钱 withdrawal (bank)

qǔ xiāo 取消 v cancel

qù 去 v go (somewhere)

quán miàn fú wù 全面服务 full service

quán jī bǐ sài 击比赛 boxing match

qún zi 裙子 skirt

R

rè 热 hot (temperature)

rè shuǐ 热水 hot water

rén mín bì 人民币 Ren Min Bi

rén mín dà huì táng 人民大会堂 Great Hall of the People

rèn hé dōng xī 任何东西 anything

rì běn 日本 Japanese (restaurant)

rì chéng biǎo 日程表 *n* schedule

rì qī 日期 date (calendar)

róng yì 容易 easy

rǔ fáng 乳房 breast

rǔ táng guò mǐn 乳糖过敏 lactose intolerant

rù chǎng 入场 admission

rù kǒu 入口 entrance

ruò shì zhě 弱视者 visually impaired

S

sǎn 伞 umbrella

sǎo miáo qì 扫描器 scanner

sēn lín 森林 forest

shā chóng jì 杀虫剂 insect repellent

shā guō 砂锅 clay pot

shā mò 沙漠 desert

shài shāng 晒伤 sunburn

shān 山 mountain

shān dì chē 山地车 mountain bike

shān dǐng 山顶 peak (of a mountain)

shān lù tú 山路图 trail map

shān lù xiǎo jìng 山路小径 trail

shān chú 删除 *v* delete

shāng kǒu 伤口 *n* cut (injury)

shāng xīn 伤心 sad

shāng diàn mù lù 商店目录 store directory

shāng wù 商务 business

shāng wù cāng 商务舱 business class

shāng yè zhōng xīn 商业中心 business center

shàng bù 上部 upper

shàng wǔ 上午 a.m.

shāo 烧 *v* burn

sháo zǐ 勺子 spoon

shǎo xǔ 少许 little

shé tóu 舌头 tongue

shè bèi 设备 equipment

shè shì 摄氏 Celsius

shè yǐng 摄影 photography

shēn bào 申报 *v* declare

shēn shēn de 深深地 deeply

shén me 什么 what

shén me shí hòu 什么时候 when

shèn zàng 肾脏 kidney (body part)

shēng jiàng yǐ 升降椅 chair lift

shēng rì 生日 birthday

shī mián 失眠 insomnia

shī qù 失去 lost

shī wù zhāo lǐng chù 失物招领处 lost and found

shī yè zhě 失业者 unemployed

shí èr 十二 dozen

shí zì lù kǒu 十字路口 intersection

shí jiān 时间 time

shí jiān biǎo 时间表 schedule [timetable *BE*]

shí wù 食物 food

shǐ yòng 使用 *v* use

shì chǎng 市场 market

shì qū dì tú 市区地图 town map

shì zhèng tīng 市政厅 town hall

shì zhōng xīn 市中心 downtown

shì zhōng xīn guǎng chǎng 市中心广场 town square

shì hé 适合 fit (clothing)

shì gù 事故 accident

shì yī jiān 试衣间 fitting room

shì 是 yes

shì 是 *v* be

shì nèi yóu yǒng chí 室内游泳池 indoor pool

shì wài yóu yǒng chí 室外游泳池 outdoor pool

shōu fèi 收费 *n* charge (cost)

shōu jù 收据 receipt

shǒu 手 hand

shǒu biǎo 手表 watch

shǒu diàn 手电 flashlight

shǒu dòng qì chē 手动汽车 manual car

shǒu jī 手机 cell [mobile *BE*] phone

shǒu tí xiāng 手提箱 suitcase

shǒu tí xíng li 手提行李 carry-on [hand luggage *BE*]

shǒu tuī chē 手推车 cart (grocery store)

shǒu wàn 手腕 wrist

shǒu zhǐ 手指 finger

shǒu zhuó 手镯 bracelet

shǒu shì 首饰 jewelry

shòu piào chù 售票处 ticket office

shū 书 book

shū diàn 书店 bookstore

shū fǎ yòng pǐn 书法用品 calligraphy supplies

shū zi 梳子 comb, hairbrush

shú shí 熟食 delicatessen

shù 树 tree

shù mǎ 数码 digital

shù mǎ xiàng jī 数码相机 digital camera

shù mǎ xiàng piàn 数码相片 digital photos

shù mǎ yìn shuā pǐn 数码印刷品 digital prints

shù zì 数字 number

shuāng chéng 双程 round-trip

shuāng rén chuáng 双人床 double bed

shuí/shéi 谁 who

shuǐ cáo 水槽 sink

shuǐ chí 水池 pool

shuǐ jīng 水晶 crystal

shuǐ xià hū xī shè bèi 水下呼吸设备 snorkeling equipment

shuì dài 睡袋 sleeping bag

shuì jiào 睡觉 v sleep

shuì yī 睡衣 pajamas

shuì yì 睡意 drowsiness

shuō chàng yuè 说唱乐 rap (music)

sī chóu 丝绸 silk

sī jī jià zhào hào 司机驾照号 driver's license number

sì miào 寺庙 shrine, temple (religious)

sòng 送 v send

sù liào bāo zhuāng 塑料包装 plastic wrap [cling film BE]

sù shè 宿舍 dormitory

sù shí zhě 素食者 vegetarian

sù zuì 宿醉 hangover

sūn zi 孙子 grandchild

sǔn shāng 损伤 v damage

suǒ 锁 n lock

T

T xù shān T恤衫 T-shirt

tǎ 塔 tower

tái jiē 台阶 stairs

tài 太 too

tài yáng 太阳 sun

tài yáng jìng 太阳镜 sunglasses

tài nuò 泰诺 acetaminophen [paracetamol BE]

tǎn zi 毯子 blanket

tàn bìng shí jiān 探病时间 visiting hours

tāng sháo 汤勺 ceramic spoon

táng guǒ 糖果 candy

táng niào bìng 糖尿病 diabetic

táo qì 陶器 pottery

tè dà hào 特大号 extra large

téng 疼 hurt, pain

tí bāo 提包 purse [handbag BE]

tǐ cāo 体操 gym

tǐ yù 体育 sports

tǐ yù àn mó 体育按摩 sports massage

tǐ yù chǎng 体育场 stadium

tǐ yù yòng pǐn shāng diàn 体育用品商店 sporting goods store

tì xū dāo 剃须刀 razor blade

tì xū gāo 剃须膏 shaving cream

tiān 天 day

tiān qì 天气 weather

tián 甜 sweet (taste)

tián diǎn 甜点 candy [sweets BE]

tián chōng wù 填充物 filling (tooth)

tián xiě 填写 fill out (form)

tiáo 条 carton

tiáo zhou 笤帚 broom

tiào wǔ 跳舞 v dance

tiě guǐ 铁轨 track (train)

tīng lì zhàng ài 听力障碍 hearing impaired

tíng chē 停车 v park

tíng chē chǎng 停车场 parking lot [car park *BE*]

tíng chē jì shí qì 停车计时器 parking meter

tōng zhī 通知 v notify

tóng 铜 copper

tóng shì 同事 colleague

tòng 痛 pain

tōu 偷 v steal

tōu qiè 偷窃 theft

tóu 头 head (body part)

tóu děng cāng 头等舱 first class

tóu fà 头发 hair

tóu hūn yǎn huā 头昏眼花 dizzy

tóu kuī 头盔 helmet

tóu téng 头疼 headache

tú hù 屠户 butcher

tú shū guǎn 图书馆 library

tuī jiàn 推荐 v recommend; ~ *n* recommendation

tuǐ 腿 leg

tuì chū 退出 log off, withdraw

tuì fáng 退房 check-out (hotel)

tuì xiū 退休 retired

tūn xià 吞下 v swallow

tuō chē 拖车 tow truck

tuō xié 拖鞋 slippers

tuō yùn 托运 v check (luggage)

V

V lǐng V领 V-neck

W

wà zi 袜子 sock

wài miàn 外面 outside

wài tào 外套 coat

wán 玩 v play

wán jù 玩具 toy

wán jù diàn 玩具店 toy store

wán jù wá wá 玩具娃娃 doll

wǎn 碗 bowl

wǎn cān 晚餐 dinner

wǎn diǎn 晚点 v delay

wǎn le 晚了 late (time)

wǎn shang 晚上 evening

wǎn shang hǎo 晚上好 good evening

wǎng bā 网吧 internet cafe

wǎng qiú 网球 tennis

wēi bō lú 微波炉 microwave

wēi xiǎn 危险 dangerous

wéi 为 for

wéi jīn 围巾 scarf

wéi shēng sù 维生素 vitamin

wèi shēng zhǐ 卫生纸 toilet paper

wèi 喂 v feed

wèi 胃 stomach

wèi téng 胃疼 stomachache

wēn nuǎn 温暖 v warm (something)

wēn quán 温泉 hot spring, spa

wén zì 文字 *n* text (message)

wèn tí 问题 problem, question

wèn xùn chù 问讯处 information desk

wò pù chē 卧铺车 sleeper car

wú jiǔ jīng 无酒精 non-alcoholic

wú liáo de 无聊的 boring

wú qiān 无铅 unleaded (gas)

wú rén kān guǎn 无人看管 unattended

wú wèi 无味 bland

wú xiàn hù lián wǎng 无线互联网 wireless internet

wú xiàn hù lián wǎng fú wù 无线互联网服务 wireless internet service

wú zhī fáng 无脂肪 fat free

wǔ cān 午餐 lunch

wǔ dǎo jù lè bù 舞蹈俱乐部 dance club

wǔ jiān 午间 noon [midday BE]

wǔ yè 午夜 midnight

wù pǐn 物品 goods

X

xī bù 西部 west

xī chén qì 吸尘器 vacuum cleaner

xī fú tào zhuāng 西服套装 suit

xī zhǐ 锡纸 aluminum [kitchen BE] foil

xī gài 膝盖 knee

xī yān 吸烟 *v* smoke

xī yān qū 吸烟区 smoking (area)

xǐ dí jì 洗涤剂 detergent

xǐ huan 喜欢 *v* like

xǐ shǒu jiān 洗手间 restroom [toilet BE]

xǐ wǎn jī 洗碗机 dishwasher

xǐ wǎn yè 洗碗液 dishwashing liquid

xǐ yī diàn 洗衣店 laundromat [launderette BE]

xǐ yī diàn shè shī 洗衣店设施 laundry facility

xǐ yī fú wù 洗衣服务 laundry service

xǐ yī jī 洗衣机 washing machine

xì jù 戏剧 *n* play (theatre)

xiá gǔ 峡谷 canyon, ravine

xià 下 *v* place (a bet)

xià chē 下车 get off (a train/bus/subway)

xià hé 下颌 jaw

xià shuǐ dào shū tōng qì 下水道疏通器 plunger

xià wǔ 下午 afternoon, p.m.

xià wǔ hǎo 下午好 good afternoon

xià yí gè 下一个 next

xiàn 线 line (train)

xiàn chǎng yīn yuè 现场音乐 live music

xiǎn shì 显示 display

xiǎn shì 显示 v show

xiàn jīn 现金 n cash

xiàn zài 现在 now

xiāng bō 香波 shampoo

xiāng fǎn 相反 opposite

xiāng shuǐ 香水 perfume

xiāng yān 香烟 cigarette

xiāng zi 箱子 box

xiǎng yòng 享用 v enjoy

xiàng liàn 项链 necklace

xiàng pí nǎi zuǐ 橡皮奶嘴 pacifier [soother BE]

xiàng piàn 相片 photo

xiāo dú yào gāo 消毒药膏 antiseptic cream

xiāo fáng duì 消防队 fire department

xiāo shòu shuì 销售税 sales tax

xiǎo 小 small

xiǎo cān guǎn 小餐馆 cafe

xiǎo chǎn zi 小铲子 spatula

xiǎo chī diàn 小吃店 snack bar

xiǎo chuán 小船 boat

xiǎo dào 小道 trail [piste BE]

xiǎo dào lù xiàn tú 小道路线 图 trail [piste BE] map

xiǎo jiǔ bā 小酒吧 mini-bar

xiǎo shān 小山 hill

xiǎo shí 小时 hour

xiǎo tōu 小偷 thief

xiǎo xī 小溪 stream

xiǎo xíng kè chē 小型客车 station wagon

xiǎo zǔ 小组 group

xié dài 鞋带 lace

xié diàn 鞋店 shoe store

xié zi 鞋子 shoes

xié wén cū mián bù 斜纹粗棉 布 denim

xiě 写 v write

xiè xiè 谢谢 thank you

xīn zàng 心脏 heart

xīn zàng bìng 心脏病 heart condition

xīn shǒu 新手 novice (skill level)

xīn xiān 新鲜 fresh

xìn fēng 信封 envelope

xìn jiàn 信件 letter

xìn xī 信息 information (phone); ~ 信息 message

xìn yòng kǎ 信用卡 credit card

xīng qī 星期 week

xíng rén 行人 pedestrian

xíng li 行李 luggage [baggage BE]

xíng li piào 行李票 luggage ticket

xíng li rèn lǐng 行李认领 baggage claim

xíng li tuī chē 行李推车 cart (luggage)

xíng li zàn cún xiāng 行李暂 存箱 luggage locker

xǐng 醒 v wake

xìng chuán bō jí bìng 性传 播疾病 sexually transmitted disease (STD)

xiōng dì 兄弟 brother

xiōng kǒu 胸口 chest (body part)

xiōng kǒu tòng 胸口痛 chest pain

xiōng zhào 胸罩 bra

xiū dào yuàn 修道院 abbey, monastery

xiū jià 休假 vacation

xiū jiǎo zhǐ jia 修脚趾甲 pedicure

xiū lǐ 修理 *v* fix (repair), mend

xiū shǒu zhǐ jia 修手指甲 manicure

xū hòu shuǐ 须后水 aftershave

xū yào 需要 *v* need

xuē zi 靴子 boots

xué shēng 学生 student

xué xí 学习 study

xué xiào 学校 school

xuě jiā 雪茄 cigar

xuě xuē 雪靴 snowshoe

xuè yā 血压 blood pressure

xuè yè 血液 blood

xún huán 环 cycling

Y

yá 牙 tooth

yá gāo 牙膏 toothpaste

yá yī 牙医 dentist

yà má bù 亚麻布 linen

yà zhōu 亚洲 Asian (restaurant)

yān cǎo líng shòu shāng 烟草零售商 tobacconist

yán sè 颜色 color

yán sù 严肃 serious

yán tǎo huì 研讨会 seminar

yǎn jīng 眼睛 eye

yǎn jìng 眼镜 glasses

yàn guāng shī 验光师 optician

yáng máo 羊毛 wool

yǎng qì zhì liáo 氧气治疗 oxygen treatment

yáo lán 摇篮 crib

yào 药 medication

yào fáng 药房 pharmacy [chemist *BE*]

yào gāo 药膏 cream (ointment)

yào sài 要塞 fort

yào shi 钥匙 key

yào shi kǎ 钥匙卡 key card

yào shi quān 钥匙圈 key ring

yào xǐ de yī wù 要洗的衣物 laundry

yě cān qū 野餐区 picnic area

yè 夜 night

yè zǒng huì 夜总会 nightclub

yī lóu 一楼 ground floor

yī wù 衣物 clothing

yī wù guì 衣物柜 locker

yī shēng 医生 doctor

yī yào 医药 medicine

yī yuàn 医院 hospital

yí cì 一次 once

yí cì xìng 一次性 disposable

yí cì xìng tì dāo 一次性剃刀 disposable razor

yí dǎo sù 胰岛素 insulin

yí dòng diàn huà 移动电话 cell [mobile *BE*] phone

yǐ hòu 以后 after, later

yǐ qián 以前 before

yǐ zi 椅子 chair

yì shù 艺术 arts

yì tiān 一天 one day

yì xiē 一些 some

yīn yuè 音乐 music

yīn yuè huì 音乐会 concert

yīn yuè shāng diàn 音乐商店 music store

yīn yuè tīng 音乐厅 concert hall

yīn dào 阴道 vagina

yīn dào chuán rǎn 阴道传染 vaginal infection

yīn jìng 阴茎 penis

yín 银 silver

yín háng 银行 bank

yǐn liào 饮料 *n* drink

yǐn liào dān 饮料单 drink menu

yǐn yòng shuǐ 饮用水 drinking water

yǐn xíng yǎn jìng 隐形眼镜 contact lens

yǐn xíng yǎn jìng yè 隐形眼镜液 contact lens solution

yīng bàng 英镑 pounds (British sterling)

yīng guó 英国 United Kingdom (U.K.)

yīng guó rén 英国人 British

yīng yǔ 英语 English

yīng ér 婴儿 baby

yīng ér chē 婴儿车 stroller [pushchair *BE*]

yīng ér zhǐ jīn 婴儿纸巾 baby wipe

yíng yè shí jiān 营业时间 business hours

yìng bì 硬币 coin

yōng bào 拥抱 *v* hug

yòng hù míng 用户名 username

yòng jìn 用尽 exhausted

yòng xìn yòng kǎ fù kuǎn 用信用卡付款 *v* charge (credit card)

yóu 油 oil

yóu jì 邮寄 *v* mail

yóu jiàn 邮件 *n* mail [post *BE*]

yóu jú 邮局 post office

yóu piào 邮票 *n* stamp (postage)

yóu xiāng 邮箱 mailbox [postbox *BE*]

yóu tài jiào táng 犹太教堂 synagogue

yóu tài shí pǐn 犹太食品 kosher

yóu dàng zhě 游荡者 loafers

yóu lǎn 游览 excursion, tour

yóu lǎn shèng dì 游览胜地 attraction (place)

yóu lè yuán 游乐园 amusement park

yóu rén 游人 tourist

yóu xì 游戏 game

yóu xì wéi lán 游戏围栏 playpen

yóu yǒng 游泳 v swim

yóu yǒng yī 游泳衣 swimsuit

yǒu kōng fáng 有空房 vacancy

yǒu 有 have

yǒu qù 有趣 interesting

yǒu xī yǐn lì de 有吸引力的 attractive

yú kuài 愉快 happy

yú lè 娱乐 entertainment

yǔ 雨 n rain

yǔ lín 雨林 rainforest

yǔ yī 雨衣 raincoat

yù bào 预报 forecast

yù dìng 预定 v reserve ; ~ n reservation

yù dìng rì chéng 预定日程 v schedule

yù zhī xiàn jīn 预支现金 cash

yù shì 浴室 bathroom [toilet BE]

yuán 元 yuan (currency)

yuán liàng 谅 v excuse

yuán lǐng 圆领 crew neck

yuǎn 远 far

yuàn yán 怨言 complaint

yuē huì 约会 appointment

yuè 月 month

yuè jīng 月经 period (menstrual)

yuè jīng shuān 月经栓 tampon

yuè duì 乐队 orchestra

yūn dòng bìng 晕动病 motion sickness

yūn dòng bìng 晕动病 travel sickness

yǔn xǔ 允许 v allow, permit

yùn dòng chǎng 运动场 field (sports)

yùn dòng shān 运动衫 sweatshirt

yùn dòng xié 运动鞋 sneaker

yùn sòng 运送 v ship (mail)

yùn 熨 v press (clothing)

yùn dǒu 熨斗 n iron

yùn yī fu 熨衣服 v iron

Z

zá huò diàn 杂货店 grocery store

zá zhì 杂志 magazine

zài 在 in; on; at

zài guǎi jiǎo chù 在拐角处 on the corner

zài jiàn 再见 goodbye

zǎo 早 early

zǎo cān 早餐 breakfast

zǎo chén 早晨 morning

zǎo chen hǎo 早晨好 good morning

zěn me 怎么 how

zhá 闸 brakes (car)

zhàn 站 station, stop

zhàn chǎng 战场 battleground

zhàn tái 站台 platform

zhàn zhēng jì niàn guǎn 战争纪念馆 war memorial

zhàng fu 丈夫 husband

zhàng dān 账单 n bill (of sale)

zhàng hù 账户 n account

zhàng péng 帐篷 tent

zhàng péng gǎn 帐篷杆 tent pole

zhàng péng zhuāng 帐篷桩 tent peg

zhāo dài huì 招待会 reception

zhào xiàng jī 照相机 camera

zhào xiàng jī tào 照相机套 camera case

zhào xiàng qì cái shāng diàn 照相器材商店 camera store

zhē 蜇 v sting

zhé kòu 折扣 discount

zhè 这 this

zhè lǐ 这里 here

zhēn jiǔ 针灸 acupuncture

zhēn zhū 珍珠 pearl

zhēn zhèng 真正 real

zhěn tóu 枕头 pillow

zhèn 镇 town

zhèn jīng 震惊 stunning

zhēng guō 蒸锅 steamer

zhēng qì yù 蒸汽浴 sauna

zhèng jiàn 证件 identification

zhèng míng 证明 certificate

zhèng shí 证实 v confirm

zhèng zhuàng 症状 condition (medical)

zhī fù 支付 v pay

zhī piào 支票 n check [cheque BE] (payment)

zhī piào zhàng hù 支票账户 checking [current BE] account

zhí 直 straight

zhí wù yuán 植物园 botanical garden

zhǐ hàn lù 止汗露 deodorant

zhǐ 只 only

zhǐ 纸 paper

zhǐ bì 纸币 n bill [note BE] (money)

zhǐ jīn 纸巾 paper towel

zhǐ jia 指甲 fingernail

zhǐ jia cuò 指甲锉 nail file

zhǐ nán 指南 n guide

zhǐ nán shū 指南书 guide book

zhǐ jiǎ 趾甲 toenail

zhì liàng 质量 quality

zhōng děng 中等 medium (size)

zhōng guó 中国 China

zhōng guó huà 中国画 Chinese painting

zhōng wén 中文 Chinese

zhōng wǔ 中午 noon

zhǒng zhàng 肿胀 swelling

zhòng shǔ 中暑 sunstroke

zhōu mò 周末 weekend

zhǒu 肘 elbow

zhū bǎo shāng 珠宝商 jeweler

zhǔ cài 主菜 main course

zhù sù 住宿 accommodation

zhù shǒu 住手 v stop

zhǔ yào jǐng diǎn 主要景点 main attraction

zhù zài 住在 v stay

zhuān jiā 专家 specialist (doctor)

zhuǎn 转 v transfer (change trains/flights)

zhuǎn jī 转机 connection (flight)

zhuǎn zhàng 转账 v transfer (money)

zhuàng guān 壮观 magnificent

zhuàng 撞 v crash (car)

zhǔn bèi hǎo 准备好 ready

zhuō zi 桌子 table

zhuó zhuāng yāo qiú 着装要求 dress code

zǐ sè 紫色 purple

zì dòng 自动 automatic

zì dòng fú tī 自动扶梯 escalator

zì dòng qì chē 自动汽车 automatic car

zì dòng qǔ kuǎn jī 自动取款机 ATM

zì rán bǎo hù qū 自然保护区 nature preserve

zì xíng chē 自行车 bicycle

zì xíng chē lù xiàn 自行车路线 bike route

zì zhù 自助 self-service

zǒu 走 v walk

zū 租 v rent

zū chē 租车 car rental [hire *BE*]

zū yòng qì chē 租用汽车 rental [hire *BE*] car

zú qiú sài 足球赛 soccer [football *BE*]

zǔ fù/mǔ 祖父/母 grandparent

zuàn shí 钻石 diamond

zuǐ 嘴 mouth

zuǐ chún 嘴唇 lip

zuì hǎo 最好 best

zuì hòu 最后 last

zuó tiān 昨天 yesterday

zuǒ bian 左边 left (direction)

zuò xià 坐下 v sit